JN124189

介護実習ガイドブック

不安解消のための40講

白井幸久 [監修]　土屋昭雄 [編著]

看護の科学新社

はじめに

　わが国においては，2025年に団塊の世代すべてが75歳以上となり，そのわずか15年後の2040年には団塊ジュニア世代が65歳以上になるなど，これまでにない人口の高齢化が見込まれています。こうした状況のもと，今後ますます需要が見込まれる資格の一つとして国家資格である「介護福祉士」が挙げられます。

　介護福祉士においては，1987（昭和62）年の社会福祉士及び介護福祉士法制定により国家資格としての福祉専門職たる地位を確立し，その後の法改正，さらには，厚生労働省が明示する「求められる介護福祉士像」等の内容からもわかるように，"専門職"としての更なる活躍が期待されているというのが実状です。

　対人援助専門職養成という観点から，介護福祉士においても他の国家資格同様，専門的知識・技術の習得が求められ，養成過程においては，450時間の現場実習（以下，介護実習）が義務付けられています。

　介護実習に臨む実習生の多くは，事前学習に余念無く取り組んではいるものの，実習が近づくにつれ不安が増し，解消されないまま実習がスタートしていることも少なくありません。

　本書は，実習生の不安をできる限り取り除き，実習生自身が意義ある介護実習を展開するための一助になればとの思いから刊行しました。

　そこで，本書では，実習担当教員から情報を得，これまでの「介護総合演習」や「介護実習」等のテキストではあまり触れられることのなかった実習前，実習中，実習後の各段階における「こんなとき，どうすればいいの？」といった実習生の素朴な疑問や留意点等について解説しています。

　いうまでもなく，介護福祉士養成校にはそれぞれの指導・教育方針があり，本書の記載内容が必ずしも各校の方針と一致するとは限りません。本書記載内容については，介護実習における一情報，一指導項目として捉えていただき，必要に応じ各校の実情・内容に置き換え，実習指導・実習教育にご活用いただければ幸いです。

　2024年2月

白井幸久

土屋昭雄

目　次

第1章

···

介護福祉士養成における介護実習とは

第1講 介護実習の位置付け

1. 介護実習とは

　養成校にて介護福祉士国家資格取得を目指す学生は，指定されたカリキュラムに基づき，指定科目の単位を取得しなければなりません。資格取得に必要な指定科目の総時間数は1850時間とされおり，そのうち450時間が「介護実習」と規定されています。つまり，総時間数の約1/4を実習が占めており，いかにそのウエートが高いかがうかがえます。

　指定科目においては，講義，演習，実習等で構成されており，そのなかで実習は，講義，演習等を通じてのさまざまな学びを実際の介護現場（実習施設）にて実践する体験的な学習機会と位置付けられており，実習生にとって非常に意義のある一構成要素となっています。

　また，実習生にとっては，これまでの授業やボランティア活動等で身に付けた知識や技術はもちろんのこと，利用者と向き合う際の視点・着眼点，さらには，対応方法や介護観等を再確認・再認識する絶好の機会となります。

2. 介護実習の意義

　ここで改めて，「実習」の意味を確認してみると「講義などで学んだ技術や方法などを実地または実物にあたって学ぶこと」「実地について習うこと」などが挙がるかと思います。

　実際に利用者や職員との関わりは実習生にとって大きな意味をもち，何よりまず，介護福祉士の具体的な業務について学べることが大きいと考えられます。そこでは，単に介護・介助についてのみならず，会議や職員所属の委員会，行事，さらには他の専門職者との連携，すなわちチームケアに至るまでの介護福祉士が携わる事柄について知ることができます。そして，養成校で身に付けた知識や技術を駆使し，利用者と関わることになりますが，それぞれ異なる性格や特性，生活歴などをもつ「なまの人間」と接することで問題に直面することにもなるでしょう。そこで，いかにコミュニケーションを図り問題を解決していくか，これも実習を通じ養えるメリットと捉えることができます。

そしてもう一つ，介護施設では有能な介護福祉士が多数活躍しています。長期間，実習生として介護施設に身を置くことで見習うべき理想の介護福祉士との出会いもあるかもしれません。「見よう見まね」ではありませんが，適切な利用者対応をしている職員の言動は見習い，同様に利用者と接することは大切なことと言えます。利用者とどうコミュニケーションを図っているか，一つひとつの介護場面においてどのような点に注意を払い介護実践しているか，有資格として信頼される職員になるためにはどのような言動が必要かなど挙げればきりがありません。

3. 介護実習のねらい

こうしたことを実習の意義として捉えつつ，あわせて規定に基づく実習の意図も把握しておくとよいでしょう。

そこで，厚生労働省 社会保障審議会福祉部会 福祉人材確保専門委員会（平成30年2月15日）資料に目を向けると，養成課程上の「実習」のねらいとして下記事項が記されています。

- 地域におけるさまざまな場において対象者の生活を理解し，本人や家族とのコミュニケーションや生活支援を行う基礎的能力を習得する学習とする。
- 本人の望む生活の実現に向けて，多職種との協働の中で，介護過程を実践する能力を養う学習とする。

上記内容を考慮すると，利用者の地域との関わり及び地域の施設等の役割の理解，地域における生活支援の実状把握，利用者の主体性・自立支援を考慮した介護過程の展開，多職種との協働の中での介護福祉士役割の理解，多職種連携・チームケアの実状把握などが，実習生が心に留めて置くべき事項，理解・認識すべき事項であると考えられます。

そして，さらに介護福祉士においては，「求められる介護福祉士像」（巻末資料参照）も示されており，その内容の把握に努めることはいうまでもありません。

ここで，改めてこれまでの内容を勘案すると，介護実習は介護福祉士に必要とされる基礎的な能力や専門職者としての視点・態度等を養うことを主眼とすると捉えることができます。そして，国家資格である介護福祉士資格取得のためには，実習中の実習生の主体的かつ能動的な態度・働き掛けが基本となります。実習生においては，自身にとって貴重な経験となる実習に対し真摯な態度で臨み，有能な介護福祉士になるべく経験知を深めていくことが何より重要なこととなります。

介護福祉士の役割

　実習生が目指している介護福祉士は，社会福祉士，精神保健福祉士とあわせて
「3福祉士資格」といわれています。これらはいずれも"国家資格"であり，各分
野における個人の能力や知識が判定され国の法律に基づいて認定された極めて価
値のある資格です。数年後，介護福祉士国家資格を取得し現場で働くことになれ
ば，有資格者としての責任やプライドをもって業務を遂行していくことになりま
す。介護福祉士は「名称独占」の資格であり，有資格者でなければ介護業務に従
事できないわけではありません。とはいえ，有資格者と無資格者が同等の仕事を
行っていては介護福祉士の社会的評価は高まりません。つまり，介護福祉士には
有資格者としての適切な対応が求められ，また大きな期待が寄せられているので
す。
　そこで，本講では，介護福祉士の役割について確認していきます。実習生とい
えども本資格取得を目指す者として以下の事柄を頭に置いて実習業務に臨むこと
が大切です。

1. 諸規定からみる介護福祉士の役目

　介護福祉士については「社会福祉士及び介護福祉士法」により以下の定義が記
されています。

> 介護福祉士とは，第42条第1項の登録を受け，介護福祉士の名称を用いて，専門的
> 知識及び技術をもって，身体上又は精神上の障害があることにより日常生活を営むの
> に支障がある者につき心身の状況に応じた介護（喀痰吸引その他のその者が日常生活
> を営むのに必要な行為であって，医師の指示の下に行われるものを含む）を行い，並
> びにその者及びその介護者に対して介護に関する指導を行うことを業とする者をいう。

　まず，この定義から身体介護，生活支援，相談・助言及び指導が介護福祉士の
担うべき役目であると読み取ることができるでしょう。
　また，職能団体である公益社団法人日本介護福祉士会が，専門職としての社会
的責任，職業倫理について成文化したものとして倫理綱領，倫理基準（行動規範）
（巻末資料参照）があります。当然のことながら，介護福祉士はこれらの記載内容

を把握し，自身の役割と捉え仕事に従事しなければなりません。

　倫理綱領の項目としても記されている「利用者本位，自立支援」「連携，協力」「ニーズ（の代弁）」については，介護や福祉を学ぶうえでのキーワードでもあります。また，「後継者育成」に関しても，これから先の介護福祉士の必要性を考えると欠くことのできない事項であることが感じ取れます。多くの介護施設等が日々多忙であるにもかかわらず，実習生を受け入れてくれているのは，正に後継者育成の役割を担っているからなのです。

　実習生は，法律による介護福祉士の定義や倫理綱領等を熟読し，介護実習に臨みましょう。

2．生活上のニーズに基づいた利用者支援

　規定に基づく介護福祉士の役目・役割としては上述の通りでありますが，ここではあえて「生活上のニーズ」という観点から加筆しておくことにします。

　介護や福祉の勉強をしていると，利用者支援において必ず「ニーズ」という言葉が出てきます。ニーズとは，一言でいうならば「必要なこと」といえます。これは，利用者にとって必要なことはどのようなことかということです。つまり，専門職としての立場からその利用者にとって本当に必要な支援は何かを考えていかなければならないのです。

　また，その一方で「デマンド」という言葉も度々耳にします。書籍によっては，「ニーズとデマンドの違いを認識する必要がある」などと書かれていることもあります。ニーズに対しデマンドとは，「要求」を意味します。場合によっては，利用者の要求が専門職の判断によるニーズと合致することもあるかもしれませんが，やはり介護福祉士としては利用者の要求をすぐさま受け入れるのではなく，専門職としての検討・判断が必要となります。

　実際，実習では介護過程を展開します。実習生は，対象者の情報を収集，分析（アセスメント）しその方の生活上のニーズ・生活課題を明確にしたうえで計画を立案して実施していくのです。

　ただし，「生活上のニーズ」は容易に明確化できるものではありません。それは，生活上のニーズが個別的なものであり，利用者の内面に潜む主観的な側面を理解する必要があるからです。

　そして，生活上のニーズを把握できたとしても今度は，生活課題の改善に向け自立支援を考慮した計画を立案し実践していかなければなりません。

　アセスメント・計画の立案・実施・評価によって構成される介護過程を展開す

ることにより，客観的で科学的な根拠に基づいた介護実践が可能となります。利用者にとって有益となる介護を提供するためにも，主観的側面との関係性が強い「生活上のニーズ」について専門的な視点からの判断により利用者を支援していくことが介護福祉士には求められます。これも，専門職である介護福祉士にとって極めて重要な役割なのです。

　本講においては，規定及び生活上のニーズの側面から介護福祉士の役割について説明してきました。しかしながら，「介護福祉士の役割」については，多くの文献やインターネット等でさまざまな記載，説明がなされているのも事実です。
　そこで，実習生の皆さんは，多くの文献に目を向け，また，体験を通じて皆さんなりの専門職としての介護福祉士の役割を探求してみてください。
　介護福祉士の専門性を生かした利用者支援が本資格の社会的評価を高めることにつながるということを認識し業務に励むことが大切です。

第3講　介護実習に臨む実習生のあり方

　介護実習は実際の介護現場でさまざまな生活支援について学習する絶好の機会です。では，有意義な実習を行うためにはどのような姿勢で実習に臨めばよいでしょうか。

実習に臨む姿勢

1. 自分と向き合う

　利用者や職員と関わるにあたり，まずは自分に向き合いましょう。自分はどのような人間なのでしょうか。特に人間関係においてどのような傾向がありますか。介護福祉士は対人援助職と呼ばれています。利用者や職員とコミュニケーションを図りながら，自分の知識や技術を駆使し利用者の自立支援やニーズに応えていく仕事です。そこで，自分自身の偏った価値観や自己中心的に物事を見てしまうと誤った判断や理解をしてしまうかもしれません。

　また，実習中に自分ではできているつもりでも実習指導者や職員からみればできていないと評価されることもあります。そうした時にも自分を正当化するのでなく，冷静に他者評価を受け入れて，自分を客観的に評価し振り返りましょう。そのため，実習生には謙虚に学ぶ姿勢をもってほしいものです。「謙虚」というと，つつましい・控えめなどといった印象がある言葉ですが，消極的な態度や自分を卑下した態度をとるということではありません。素直に指導を受け入れ，人の話に耳を傾ける姿勢が大切なのです。人の話に耳を貸さない人を指導するのは難しく，また，成長も望めません。厳しい意見も新たな自己の課題を発見するための手立てとし，次の学びにつなげていくことが重要です。

　さらに，実習は学校生活とは違う慣れない環境のもとで，職員や利用者と短期間で関係を築きながら，目標の達成を目指していかなければなりません。そのた

め，さまざまなストレスを抱えて実習継続がつらくなる実習生も多いと考えられます。ストレスを上手に解消し，自己コントロールする能力が必要です。自分だけでできなければ一人で抱え込まず誰かに相談することも必要になります。それも自己コントロールの一つの方法です。

2．主体的に学ぶ

実習では，段階によってさまざまな課題が設定されますが，それらを「やらされている」と捉えるのではなく，実習の目的をよく理解し，介護福祉士としての基盤を身に付け，自身を向上させるための貴重な機会と捉え，常に目標をもって取り組む必要があります。そして，貴重な機会ですので，疑問に思ったことは積極的に質問しましょう。実習生はまだ学びの途中であり，できないこと，わからないことを恥とせず，失敗から学びましょう。

また，介護実習の場である施設は利用者の生活の場であることも忘れてはいけません。そのため利用者の生活が優先であり，学生の実習を中心に予定が組まれるわけではありません。職員も利用者の生活支援のために忙しく働いており，実習生を常に気遣っている時間的余裕は無いかもしれません。それでも，将来の介護福祉士を目指す人たちに学びの場を提供しようと努めてくれています。貴重な時間を割いて指導・教育している職員や，未熟な実習生に身を預け介助を受けてくださる利用者に感謝の心で接しましょう。

3．責任ある態度をとる

利用者に直接関わる限り実習生とはいえ甘えは許されません。身勝手な行動や無責任な態度は信頼関係を損ないます。利用者や職員から信頼を得るには，人として最低限のマナーは守りたいものです。特にあいさつ・時間の管理・報告・連絡・相談・お礼は基本的な態度・事柄であるものの，残念ながらできていない実習生が多く見受けられます。実習時のみならず，普段から心掛けるとよいでしょう。

また，さまざまな利用者がサービスを利用しています。生活支援を実践するにあたり利用者の個人情報を知ることになります。知り得た個人情報については実習生といえども守秘義務があることを肝に銘じましょう。また，利用者と関わる際はプライバシーにも配慮する必要があります。

第4講 介護実習における介護過程の展開

1. 介護実習における介護過程の展開とは

　介護実習において，実習生は一人の利用者に対し介護過程を展開し，支援に当たることになります。では，いったい「介護過程」とはどのようなことなのでしょうか。

　介護過程とは，利用者の生活課題を解決するための思考および実践のプロセスを意味します。

　また，「プロセス」と記した通り，介護過程の展開においては，「アセスメント ➡ 介護計画の立案 ➡ 実施 ➡ 評価（モニタリング）」という一連の過程に基づき進められます。

介護過程のプロセス

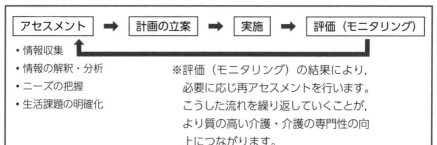

```
アセスメント ➡ 計画の立案 ➡ 実施 ➡ 評価（モニタリング）
・情報収集
・情報の解釈・分析      ※評価（モニタリング）の結果により，
・ニーズの把握            必要に応じ再アセスメントを行います。
・生活課題の明確化        こうした流れを繰り返していくことが，
                          より質の高い介護・介護の専門性の向
                          上につながります。
```

　なかでもアセスメントは極めて重要であり，利用者に対する情報収集を行い，その情報を分析し，生活課題を明らかにすることが求められます。

　介護過程を展開するうえでまず行うことが，アセスメントにおける情報収集です。担当利用者と向き合い関係性を築き，課題解決につなげる良質な情報を得る必要があり，そのためには実習生自身のコミュニケーション能力が問われるということも認識しておきましょう。

　さらに，情報を得たあとは「情報の解釈・関連づけ・統合化」を考慮し分析を行い，生活課題を明確にしていきます。

介護過程の展開による最終的な目標は，利用者自身の可能ななかでの最大限の自立と自己実現です。利用者支援における目標を達成するためには，行き当たりばったりで経験的に支援するのではなく，客観的かつ科学的な思考による根拠（エビデンス）に基づいた介護を実践・提供することが何より重要なことであり，そこで，介護過程の展開が必要不可欠となるのです。

2. アセスメントにおける「情報の解釈・関連づけ・統合化」の重要性

　介護過程におけるアセスメントの重要性については先に述べた通りです。そこでここでは，アセスメントにおける「情報の解釈・関連づけ・統合化」がなぜ重要かつ必要であるのか考えてみましょう。

　端的にいうと，適切に「情報の解釈・関連づけ・統合化」することで生活課題の明確化につなげていくためです。つまり，課題を抽出するうえで欠かすことできない重要な思考プロセスであると考えることが大切です。

　介護職員は，専門職者として判断・対応していかなければなりません。例えば利用者との会話のやり取りのなかで「ああしてほしい・こうしてほしい」といわれることがあるかと思います。これを「デマンド（demand）」といい，利用者の主観的要望・要求のことをいいます。もちろん，相手の要望等を聴くことは大切なことです。しかしながら，すぐさまそうした要望・要求を受け入れてしまっては，単なる「御用聞き」となってしまい，よい介護・よい対応とはいえません。専門職が担う介護，対応としては，「ニーズ（needs）」，すなわち利用者における客観的必要性を考慮した言動が求められます。

　ニーズを把握するためには，まず得た情報を整理・解釈し，さらには情報と情報の関連性を明らかにすることが重要です。そして，情報に対する解釈・関連づけを踏まえ統合化することで生活課題を明確にしていきます。

　先述の通り，介護過程が「生活課題を解決するための思考および実践のプロセス」であると考えるとアセスメントの目的は生活課題を明確にすることであり，そのためには「情報の解釈・関連づけ・統合化」が必要不可欠であることが理解できるでしょう。

　実習生においては，アセスメントはもとより介護過程を展開することの意義を認識のうえ利用者支援にあたることが大切です。

　利用者に対する支援を行う，すなわち介護過程を展開するうえで，「エビデンス

に基づいた介護」という言葉をよく耳にするかと思います。利用者自身の可能な
なかでの自立と自己実現という介護過程の展開による最終的な目標を達成するた
めには，経験的，主観的に行うのではなく，客観的で科学的根拠に基づいた介護
を実践することが重要であり，そこで必要不可欠となるのが介護過程であるとい
えます。

　そして，その一連の介護過程の展開のなかで極めて重要となるのがアセスメン
トであるといっても過言ではありません。アセスメントを軽視せず，また怠らず
専門職を目指す者としての介護過程の展開，利用者支援・利用者対応を心掛けま
しょう。

第2章

実習前の取り組み・
留意事項

第5講　実習に対する不安が強いのですがどう対処すればいいの？

「実習が近づくにつれ不安が増す」これは致し方ないことです。本人の性格的なこともあるかも知れませんが，慣れない環境で，初めて出会う人たちのなかで何かをするとなると，不安な気持ちになるのは当然のことといえます。

大切なことは，いかに不安を軽減しモチベーションを高められるか，すなわち，どれだけ自身をコントロールできるかということです。

そこで，本講では実習生の実習に対する不安要因とその対処方法・解決策等について概説していきます。

1．想定される実習に対する不安要因

先にも触れた通り，慣れない環境・状況での実習に不安はつきものです。では，一体実習生はどのようなことに対し不安を感じているのでしょうか。考えられる不安要因として以下の事柄が挙げられます。

- 職員や利用者と上手くコミュニケーションが図れるか
- 介護技術を考慮した介護実践が適切に行えるか
- 実習日誌を含めた実習記録がきちんと書けるか
- 介護過程の展開（介護計画の立案・実施・評価等）ができるのか
- レクリエーションは行うことになるのか，また，何を行えばよいのか

こうした不安要因に対する対処方法・解決策等については，このあと述べていきますが，大切なことは実習間際になって慌てるのではなく，前もって準備・復習できる事柄はあらかじめ行っておくことです。

2．不安要因に対する対処方法および解決策

実習生が抱える不安に対し，事前にどのように対応が図れるか考えてみましょう。

たとえば，職員や利用者とのコミュニケーションについては，やはり，事前にボランティアで施設を訪問し多くの人たちと接しておくことが大切です。これば

かりは，人から教わって上達するものではありません。「習うより慣れよ」という言葉があるように，実際に現場に足を運び経験した事柄は，自信や心のゆとりにもつながります。（第11講参照）

　また，介護技術については，養成校での授業のみでは習得しきれないこともあり得ます。しかしながら，たいていの養成校は，たとえ時間外であっても介護実習室を開放し，練習することができるように対応していることと思われます。実習前に，学生同士で切磋琢磨し技術を身に付けるよう努めましょう。なお，学校での練習であれば，たとえわからないことがあっても教員に質問・確認することが可能であり，そこで問題を解決できるという利点もあります。不安解消のためにできる限り努力しましょう。

　そして，実習生の多くが不安の一要因とする実習記録と介護過程（介護計画）については，まず，教科書・参考書やノートを再確認することが重要です。授業内において実習の記録物（記録用紙）を配布された際などに，必ずその書き方の説明もされているかと思います。まずは，自分で確かめてみて，それでもわからなかった場合は，事前に教員に相談・確認してみるとよいでしょう。なお，実習日誌については第20講，また，介護過程については第4講にて取り上げていますので再確認してみて下さい。

　レクリエーションに関しては，実習生が必ず実施するというものではありません。施設によって状況は異なりますが，高齢者施設，障害者施設を問わず，実習生にレクリエーションの実施を依頼するところもあります。実習生は，あらかじめレクリエーションを考えておくとよいでしょう。おそらく，養成校の図書館にはレクリエーションに関する書籍があるかと思います。事前にチェック・確認しておくことも事前準備としては大切なことです。なお，レクリエーション実施については，急に依頼されることは少なく，前もって「○○日に実習生さんでレクリエーションを実施して下さい。○○分位でお願いします」と伝えられるケースが一般的です。その際，安易に考えず，介護過程の展開同様，情報を得，アセスメントを行い計画を立案し実施する必要があります。（第31講参照）

　何事に対してもいえることですが，「心得ておくこと」は重要です。特にレクリエーションの実施については，「実施することもあり得る」と心掛けておき，いざという時は準備に取り掛かることができるようにしておくことで気持ちにゆとりがもてるようになり，多少なりとも不安は軽減されるものと考えられます。

　繰り返しになりますが，実習に対する不安は誰もが感じることです。特に不安感の強い実習生は，何事もネガティブ思考になってしまう傾向にあります。前も

って準備・復習できることはあらかじめ行っておくことはもちろん大切なことですが，「案ずるより産むが易し」という言葉があるように，実習前にいろいろ考えすぎないようにすることも不安を軽減させるには必要なことかもしれません。

　意義ある実習にするためにも，自身の気持ちや体調のコントロールに努め前向きな姿勢で実習に臨みましょう。

第6講　事前学習は何をすればいいの？

　介護福祉士養成におけるカリキュラムにおいて介護実習は450時間と定められています。この時間数を長いととるか短いととるかは実習生によるところでありますが，規定時間を有効に使い養成校で学んだ知識・技術，理論を現場で統合し深めていくために，また意義ある実習とするためには事前準備が必要不可欠となります。

　そこで，本講では実習前に行っておくべき事前学習について確認していきましょう。

1．実習施設の理解

　実習生が行うべき事前学習の一つとして「実習施設の理解」があげられます。

　介護実習でお世話になる実習施設としては，介護老人福祉施設（特別養護老人ホーム），介護老人保健施設，障害者支援施設などがあり，これらは各施設によって根拠法をはじめ，設備及び運営に関する基準も異なります。当然のことながら，実習生は自身の実習先の施設概要は把握しなければなりません。

　しかしながら，実習生の皆さんは"概要"といってもピンと来ないかもしれません。そこで，より具体的に述べると，まず，実習生の皆さんが実習する施設の種別について知る必要があります。その施設はどのような施設か，そこではどのような有資格者が働いていて，どのような状態の利用者が生活されているのか，また，専門職によってどのようなサービスが提供されているのかなど一般的な知識を得ておく必要があるでしょう。

　さらに，施設のホームページ等にも目を通し，基本理念や基本方針なども確認しておくと良いでしょう。実習生の皆さんは，長期にわたりその施設で実習をさせていただくのです。そこで，その施設が根本に据える理念や目標，思想，さらには目指す方向性を把握し，実習中，自身の言動に活かせられたらそれは立派なものです。

2. 法制度の理解

　先に「根拠法」と述べたように，高齢者施設であれば介護保険法，障害者支援施設においては障害者総合支援法などによって規定されサービスが提供されています。もちろん，その法律や制度について理解が乏しいということであっても実習は行えます。しかしながら，自身が行く実習施設に関係する法律・制度について事前に学習・復習しておくことは実習生として当然のことです。

　利用者がどのような利用手続きを経て今に至っているのか，法制度に基づく要介護度や障害支援区分による利用者の状態はどのようなものか，制度の財源や利用者負担はどうなっているのかなど，いわば制度しくみを理解し実習に臨むことが大切です。

3. 授業内容および教科書・参考書等の再確認

　いうまでもなく施設で生活している利用者の心身の状態は一人ひとり異なります。また，実習中は利用者の特性を把握し対応しなければなりません。そこで，実習前にもう一度，教科書・参考書等を用い諸事項の確認・復習をしておくと良いでしょう。とりわけ，認知症や医学系科目の教科書・参考書の見直しはぜひ励行してほしいものです。利用者が患っている疾病・疾患，認知症については，特徴・主症状や留意事項をおさえていることで適切な対応が可能となります。介護福祉士を目指す者としての自覚をもって準備に取り掛かるよう努めましょう。

　養成校によっては，事前学習用の用紙・シートが用意されている場合もあるかもしれません。その場合には実習担当教員の指示に従い記載していくことになりますが，とりわけ用紙・シートが用意されていなくとも率先して事前学習に取り組む姿勢が大切です。また，事前学習として調べまとめたものは，実習のファイルに綴じておくと実習中の記録時間等で役に立つことがあるかもしれません。

　実習が実りあるものになるか否かは実習生次第です。まずは前向きな姿勢で事前学習に取り組み目標や課題を明確にし実習に臨みましょう。

第7講　実習目標はどう立てればいいの？

　実習を行うにあたり，多くの学生が悩む事柄の一つとして実習目標の設定が考えられます。では，実習目標については，どのようなことを記載すればよいのでしょうか。

　まず，目的と目標について考えてみましょう。目的とは，最終的に到達，実現しようとして目指すもの，それに対し，目標はさしあたって，実現，到達しようと目指すものということになります。要するに，目標とは，目的を達成するために掲げるものなのです。

　ここで改めて，介護実習における目的とはどのようなことか再確認してみましょう。一例を挙げると「利用者の生活を支援するための知識・技術を身に付ける」「利用者のみならずチーム等に対し適切にコミュニケーションを図ることができる」「介護過程の展開を理解する」などが考えられます。端的にいえば，「介護福祉士の役割を理解する」ということになるのではないでしょうか。さらに，介護福祉士養成においては，「求められる介護福祉士像（巻末資料参照）」も示されています。もちろん，容易に到達できる事柄が記されている訳ではありませんが，目指すべき方向性・像すなわち姿が具体的に示されていることで，目標設定のヒントになるでしょう。

介護実習における目標の立て方

　実習目標の大枠は，「実習全体を通して達成したい目標」と「日々の実習で達成したい目標」の2つと考えることができます。

　後者については，第19講にて触れていますので，ここでは，前者について考えていきます。

　介護実習においては，各養成校によって時期，期間等が異なります。しかしながら，「長期実習」といえば1ヶ月間を実習期間とするケースが一般的といえましょう。

当然，実習生はこの1ヶ月間で達成すべき目標を立てることになりますが，その考え方として実習開始時から順序立てて考えることで，具体的な達成すべき課題，すなわち目標がみえてきます。

　まず，「介護福祉士が活動する場」についての理解が大切なこととなります。具体的には，実習施設はどのような人を対象としどのような支援をしているか，実習施設にはどのような専門職者が働いているのか等を知る必要があります。

　そして，実習を重ねるうえで，「専門職としての介護福祉士」についての理解を深めることに焦点を当てた目標設定も必要になるでしょう。つまり，現場（施設特性）や対象者（利用者），職種の状況を認識したうえで，実際に介護福祉士に求められる知識・技術，コミュニケーション技法，倫理観，チームケアのあり方，介護過程の展開等に関する事柄について再考し目標を設定することもできるのです。

　上記内容を考慮し，実習目標の具体例を示してみると次のようになります。

目標の具体例

- 施設の種別および当施設の概要理解に努めるとともに，利用者と積極的にコミュニケーションを図り利用者特性を把握する。
- 利用者の日々の生活に着目し，生活および提供されている支援の実状を把握する。
- 介護職員の言動に注意を払い，専門職者としての利用者対応方法を習得する。
- これまでに学んだコミュニケーション技法等を駆使し，適切な利用者理解に努め利用者のニーズに即した関わり方や支援を実践する。
- 養成校で学んだ，諸制度等をはじめとした知識や介護技術を含めた諸技術が実際の利用者支援において，どのように活かされ，また，利用者のQOLの維持・向上に寄与しているかを理解する。
- 介護福祉士が他の専門職者とどのように関わり連携を図っているか，また，そのなかでどのような役割を担っているのかを把握する。
- 日本介護福祉士会が示す「倫理綱領」や「倫理基準（行動規範）」がどのように実践されているか認識を深める。
- 多種多様な利用者のニーズに対応すべく介護過程の展開ができるよう介護福祉士としての知見を得る。

　実習目標は自身の実習に対する「目的」や「やる気」を実習施設側に伝える重要な記述となります。

　実習生は，目標設定を安易に考えず，「何のために実習を行うのか」「自身が学びたいこと，習得したいことは何なのか」「専門職とはどうあるべきか」などさま

ざまな視点から考察し目標を立てなければならないことを心掛けましょう。

　前記「目標の具体例」はほんの一例にすぎません。しかしながら，「求められる介護福祉士像」として記載されている事柄と照らし合わせてもらえれば，関連する点も確認できるかと思います。

　「求められる介護福祉士像」を見てもわかるように，今や介護福祉士にはこれまで以上に高度な知識や技術，さらには，コミュニケーション能力，倫理観などを習得または修得することが求められています。

　実習が意義あるものとなるよう，まずは時間を掛け，よく考察し実習目標を立てることが何より大切です。

「実習目標」……

実習を行うに当たっての必要書類ってどんなものがあるの？

　介護実習は，実習施設と養成校が「契約」を交わすことから始まります。したがって，実習生が自宅の近所に，「特別養護老人ホーム○○があるから，そこで実習をしよう」というわけにはいきません。まずは，その施設が契約によって，その養成校の実習施設となっているかどうかが問題となります。

　国家資格である介護福祉士養成においては，厚生労働省によってカリキュラムが示されています。いうまでもなく介護実習もそこに位置付けられる一科目であり，規定に基づいた「教育」がなされなければなりません。そのためには，実習施設側に対してもハードルが設けられ，その基準を満たしていなければ実習施設とはなれない（実習生の受け入れができない）ということになります。一例を挙げると，実習指導者（実習指導者講習会修了者）の有無や常勤介護職員に占める介護福祉士の比率などが問われることとなります。

　実際に実習をスタートさせるには，事前に実習施設と養成校との間で，細かな書類の取り交わし（契約）が行われ，ようやく実習が可能となります。

　その後，今度は実習施設と実習生との間での書類のやり取りが必要になります。実習生のみなさんは，実習を安易に考えず，「経験を積んだ専門職者が実習生のために指導にあたってくれている」「諸規定に基づき，さまざまな書類の取り交わし等を経てようやく実習が行える」等，事の重要性を認識し書類作成等の準備に取り掛かりましょう。

　では，実習を行うにあたり，実習生が準備する書類としてどのようなものがあるのでしょうか。

実習における必要書類

1）誓約書

　養成校の大半が施設への提出書類の一つとして誓約書を用意しています。

　誓約書には実習生が実習に臨むうえでの心構え，基本的マナー，さらには，利用者に関する個人情報や施設の情報に対する秘密保持義務・守秘義務等，留意すべき事項・遵守すべき事項が記されており，実習生は記載内容に同意し署名，捺印することになります。その際，実習生は，しっかりと内容を把握する必要があ

ります。こうした行為こそが，「実習生としての自覚」なのです。

2）健康診断書

　実習開始に伴い実習施設においては，まず，実習生の健康に関する確認が必要となります。

　そして，その確認のための一書類として健康診断書の提出を求められます。施設によっては，指定の健診項目，指定用紙が用意されている場合もありますので，養成校の実習担当教員に確認してみましょう。

3）細菌検査書

　基本的には細菌検査（検便）結果の提出を求められます。

　感染性の消化器疾患は，集団生活を基本とする高齢者施設や障害者施設においては感染を蔓延させてしまいます。そうしたことを未然に防ぐ意味で細菌検査は極めて大切です。検査項目は施設等により異なりますが，一般的には基本の３項目として，赤痢菌，サルモネラ菌，腸管出血性大腸菌O-157が示されています。健康診断書同様，養成校の実習担当教員に確認してみましょう。

4）健康観察票

　養成校によっては，実習直前の学生の体調の確認，学生に対する体調管理の促し，そして，学生が健康な状態であることを実習施設に示す（指標とする）意味で健康観察票（実習前一週間の体温の推移，咳嗽，下痢の有無など）の記載を課

必要な書類などは……

しているところもあります。

5）個人票

　養成校によっては，実習生紹介票という名称のところもあるかと思います。要は，実習に行く学生の情報を記すための書類です。

　具体的には，個人写真（顔写真）を貼り，氏名，生年月日・年齢，住所，連絡先（電話番号），これまでの実習歴，自身の性格，長所・短所，趣味・特技，実習施設までの交通手段・所要時間などを記載するのが一般的です。実習施設側にしてみれば，実習に来る実習生を知る重要な書類となります。また，実習生の視点に立って考えれば，その記載内容が自身の第一印象にもなります。実習生の皆さんは，安易に記載せず，丁寧かつ的確に書くことを心掛けましょう。

　このように，実習を行うに当たり多くの書類の提出が求められます。各書類を書くことの意味，書類の重要性を認識すると同時に，提出期日を厳守して提出しましょう。「実習に対し前向きに取り組む」ということは，当然，実習前，実習中，実習後の書類の提出も該当事項となります。何事においても，実習生としての自覚をもって対処するよう努めましょう。

第9講　実習施設へはどのように連絡したらいいの？

1. 電話を掛ける際の留意事項

　介護実習を受け入れていただけることに敬意を表し，実習生自ら施設の実習担当者に連絡を入れ，事前オリエンテーションの日程調整を行います。その際，電話口で戸惑うことのないよう内容を整理してから掛けるようにしましょう。日程調整のための電話ですので，自分のスケジュール帳を用意しておくことも大切です。日程は施設，事業所や実習指導者側の都合を優先することになりますが，どうしても都合の悪い場合などは先に伝えておいてもよいでしょう。伝えるべき用件は簡単に箇条書きにして整理し，それから電話を掛けるようにすると効率よく用件を伝えることができます。また，相手とのやり取りの内容もメモしておくとよいでしょう。施設側も貴重な時間を使い電話応対してくれています。電話の途中で切れる，電波の届きが悪い，周囲の雑音が入るなど環境が悪い場所での電話は大変失礼になります。静かな場所で電話するよう心掛けましょう。

　電話を掛ける際は施設の事情を考えることも大切です。実習先の勤務体制等を把握し電話を掛ける必要があります。一般的には朝や夕方はカンファレンス（引き継ぎ）を行う施設が多いため避けたほうがよいでしょう。また勤務の関係で不在の場合もありますので注意が必要です。

　事前オリエンテーションの日程調整の際は，日にちに余裕をもって電話を掛けるようにしましょう。電話は午前中は10：00〜11：30，午後は14：00〜16：00くらいの間に掛けるのがよいでしょう。

2. 電話の掛け方

　名前を名乗ることはもちろんのこと，学校名や学科名もしっかりと伝えましょう。電話を担当者に取り次いでいただき，担当者が電話に出た際はもう一度，学校名・学科名・名前を伝える必要があります。また，先方からの伝達事項等については必ず復唱し，内容を確認することが重要です。

①お忙しいところ，申し訳ございません。私○○ (学校名・学科名) の△△ (名前) と申します。

②恐れ入りますが，介護実習のご担当者○○様をお願いできますでしょうか。

⬇

③-A 担当者が電話にでた場合

お忙しいところ，申し訳ございません。私○○ (学校名・学科名) の△△ (名前) と申します。ただいまお時間よろしいでしょうか。

⬇

ありがとうございます。

用件を簡潔に述べ，先方からの伝達事項は必ず復唱し確認する必要があります。相手が忙しそうな場合には，都合の良い時間を聞いて再度電話をかけ直すようにしましょう。

③-B 担当者不在の場合

では，またこちらから改めてお電話させていただきますが，何時ごろお掛けすればよろしいでしょうか。

「○時頃には戻る予定です」と言われた場合

ありがとうございます。では，○時頃にこちらからお電話をさせていただきます。よろしくお願いいたします。

※「担当者が戻り次第お電話します」と言ってくれる場合もありますが，こちらからのお願いごとであり，実習生からかけ直すようにしましょう。

④お忙しいところありがとうございました。よろしくお願いいたします。失礼いたします。

以上が電話の掛け方の一例となります。

これからお世話になる実習施設から，どんな実習生と思われるか「第一印象」は極めて大切な事柄です。電話連絡といえどもその重要性を認識し事前の準備をしたうえで，連絡を入れるよう心掛けましょう。

第10講 事前オリエンテーションって何？ どんなことに注意すればいいの？

実習に行く前に行われるオリエンテーションには学内で行われるものと，実習施設にて行われるものとがあります。実習を始めるにあたっての重要な説明・諸連絡の場となります。聞き逃さないようにメモを取り，わからないことは積極的に質問するようにしましょう。

1. 学内でのオリエンテーション

多くの養成校では「介護総合演習」の授業を用い実習に関して詳しく説明をしていることと思います。また，実習が近づいた頃に最終的な注意事項等の説明や実習に持参する書類・記録用紙等の配布・確認が行われる場合もあります。実習中に困ることのないように，しっかりとした準備をしておきましょう。

①書類・記録用紙等の確認

実習に持参する実習日誌など学校指定の記録用紙や個人票など書類等の配布を行います。また，必要なものがそろっているかの確認を行います。（第8講 参照）

②専門職としての倫理，守秘義務の確認

実習生といえども介護福祉士を目指すものとして，実習中に知りえた個人情報の取り扱いについては十分に注意する必要があります。また，実習先での態度，言葉遣い，学ぶ姿勢についても改めて確認します。（第15講・第22講 参照）

③実習にあたっての注意事項の確認

実習中の服装，持ちもの，実習時間，欠席連絡の方法など各養成校の決められたルールを確認します。（第16講・第17講・第18講参照）

④事後指導について

実習終了後はどのようなスケジュールになっているか，事後指導や記録物の提出方法や提出期限などを確認します。

2. 実習施設でのオリエンテーション

自分が知らない場所へ行くのは誰でも不安を感じるものです。それが実習ともなればなおさらのことでしょう。そのため実習先の情報を事前に知っておくことは，実習に対する不安を軽減させ，実習に対する意欲を喚起する機会となります。オリエンテーションに行く前に，配属の実習施設に関することは下調べをしておいてからオリエンテーションに臨みましょう。介護保険制度や障害者総合支援法など関連する法制度・サービスの仕組みを理解しておくと，説明を聞いた際により理解しやすくなります。

1）事前オリエンテーションの日程を調整しましょう

事前オリエンテーションに伺う訪問日を調整するため，学生自身が実習施設に電話をすることにしている養成校も多々あります。その際は，実習指導者は誰なのか，電話していい時間帯はいつなのかを確認し，実習施設に電話するようにしましょう。また，電話を掛けるのが不安な人は，電話で話す内容や，聞く必要がある項目などをメモ書きにし，授業担当教員に確認してから電話を掛けることをおすすめします。そして，事前オリエンテーションの日程が決まったら，授業担当教員および実習巡回担当教員に訪問日を報告します。

事前オリエンテーションは実習の約1ヶ月前から実習前日までに施設を訪問して行いますが，施設によっては事前訪問日の設定をせず，実習初日にオリエンテーションを行うこともあります。その場合は，実習初日に伺う時間や持ちもの等を電話した際に確認しておく必要があります。また，実習初日に慌てることのないよう，事前に施設までのルートや所用時間の確認をしておくと安心です。

スーツ

2）事前オリエンテーションに行く際の注意点

事前オリエンテーションに伺う際は養成校にて指定された服装で行きます。過剰なおしゃれや派手な化粧は必要ありません。スーツ着用とするところも多いと思いますので

あらかじめ用意しておきましょう。その際，シャツにアイロンをかけ，しわや汚れがないか確認が必要です。もちろん履物もスーツに見合ったものを用意しましょう。

　初めて実習指導者と会う機会となります。遅刻は厳禁ですが，あまり早くに到着すると仕事の都合上迷惑となりますので，5〜10分前を目安に訪問するようにしましょう。交通渋滞や遅延，体調不良など万が一の場合も想定し，遅刻や欠席する場合の連絡方法も確認しておく必要があります。実習施設と養成校の電話番号，一緒に行くメンバーの連絡先を事前に聞いておくことも大切です。

　また，持ちものとして上履きを持っていくことをおすすめします。施設内は履物を履きかえるという施設がほとんどです。施設には来客用のスリッパがありますが，実習生はお客様ではありません。普段使っている実習靴等を持参するようにしましょう。

3）マナーを守りましょう

　実習施設に到着したら受付で事前オリエンテーションに来た旨を伝えます。あいさつが第一印象を決めます。訪問の際は，実習指導者のみならずすれ違う人全員にあいさつをするよう心掛けましょう。自分たちは相手が誰か知らなくとも，施設側は○○学校から来た学生として見ています。気負う必要はありませんが，最低限の礼儀としてあいさつ，言葉遣いには十分な注意が必要です。また，オリエンテーション時の態度，複数人で伺った際の私語をつつしみ，施設側の案内に従いテキパキと行動しましょう。

4）オリエンテーション中の注意点
①必要書類を渡す

　実習開始にあたり必要な「個人票」や「個人目標」「健康診断書」などの書類を確認し施設に提出します（事前に養成校から送付する場合もあります）。その際，実習指導者から不明な点など質問されることもあります。書類が整っているか，必要事項が記入されているか事前に確認しておきましょう。

②説明を受ける

　実習指導者から説明を受ける際は，話を聞きながら必ずメモを取るようにします。資料等を配布する施設もありますが，資料をもらったからと安心してはいけません。資料の内容を確認しながら，わからないことは積極的に質問をする姿勢が大切です。後で聞いておけば良かったということにならないようにしましょう。また，養成校によっては「オリエンテーション報告書」や「施設の概要」を記入

する記録用紙が用意されている場合があります。実習指導者からの説明内容が養成校指定の用紙の項目と必ずしも同じとは限りませんから，記録用紙に記入すべき項目をあらかじめ確認しておくと抜け落ちる心配がありません。

　その他，参考までに想定される確認項目を記しておきます。

〈その他，確認しておきたい項目〉

- ●実習初日の集合時間と場所（初日の集合時間は少し早い場合がありますので実習時間と別に確認しましょう）
- ●車，自転車の駐車・駐輪場所
- ●実習中の持ちもの（エプロン，外履き，入浴介助用のＴシャツ・短パンなど）
- ●実習記録等の提出方法や場所等
- ●実習中の配属フロアーと場所（自分がどこのフロアーに配属か確認しておきましょう）
- ● １日の施設のタイムスケジュールと実習時間等
- ●飲食について（昼食や飲み物の持参有無と管理方法など。また利用者と同様に施設の給食を摂るよういわれる場合があります。その時は費用とその支払い方法についても確認しておきましょう）

③施設見学

　実習に関する説明の後に施設見学がある場合も，ただ実習指導者の後をついて歩くだけではなく，配布資料に施設の見取り図があればそれを確認しながら見学します。ない場合はメモを取るなどし，場所や状況の把握に努めましょう。実習生が配属されるフロアーだけでなく，出入口・下駄箱，ロッカー，トイレ，休憩所など実習生が使用可能な場所も確認し，利用の際の注意事項を聞いておくことも大切です。

　見学中は職員の仕事や利用者の通行の妨げにならないように周囲にも気を配り，すれ違う職員や利用者，その他誰に対してもしっかりあいさつをするようにしましょう。

　全てのオリエンテーションプログラムが終了したら，感謝の言葉を述べて帰宅します。施設の外に出るまで緊張感をもって行動しましょう。

第11講　ボランティアを行った方がいいの？

　「はじめに」においても記されている通り，介護実習を控える学生の多くは，実習が近づくにつれ不安が増し，解消されないまま実習がスタートしているというのが実状ではないでしょうか。もちろん，不安要素としてはさまざまなものが考えられます。そこで，学生に何が不安かを尋ねてみると，「利用者や職員との関わり」に関しての返答が多く返ってきます。おそらく，学生は，利用者や職員とどう関わり関係を築いていくのか，また，どう話を切り出し介護・支援に繋げていくのか，職員に対し失礼の無い言葉遣いで受け応えできるのかといったことが真っ先に頭に浮かぶのでしょう。

　では，こうした不安を解消するために何をすればよいのでしょうか。

1．事前にボランティア活動を行うことの意義

　有効な手段として実習前のボランティア活動の励行をお奨めします。それも，可能であれば実習先で，あるいは，実習先での事前ボランティアが難しいようであれば，実習に行く施設と同種別の施設が良いでしょう。

　「百聞は一見にしかず」や「習うより慣れよ」という言葉があるように，何事も自分の目で確かめてみること，そして，利用者や職員とコミュニケーションを図ることに慣れておくことなどは心のゆとりにもつながり極めて意義あることといえます。

　さらに，事前にボランティア活動を行うことの利点として細かな点まで目を向けると，次の事柄も考えられます。

　まず，実習生が目指す介護福祉士の具体的な仕事について知ることができます。いうまでもなく，介護福祉士は，単に利用者に対する介助・介護だけをしていればよいというわけではありません。実際の介護業務以外にも，よりよいサービスを提供するために会議や委員会に出席したり，行事を企画したり，また，生活相談員や看護師，リハビリテーションスタッフなどの医療関係職者と連携を図り業務を遂行しています。こうした介護福祉士の具体的な動きを確認する機会が得ら

れ，仕事内容をイメージしやすくもなります。

2. ボランティア活動とコミュニケーション

　次に，利用者や職員と直接関わることで，学校で学んだ知識，技術を再確認することができるほか，多くの実習生が苦手とする両者とのコミュニケーション能力を養うよい機会にもなります。実際に，専門職者として現場で働くとなると，業務に関係する法制度，医学的知識，介護の仕方など多くの知識や技術が求められます。そこで，人によっては，自身の知識，技術の無さに痛感し，新たな目標やその後の実習課題を発見することにもつながります。

　また，利用者や職員とどうコミュニケーションを図るべきなのかを学ぶこともできます。利用者であれ職員であれ，皆，個々の"性格"があり，当然のことながら対応方法も各々異なります。それにより，話しやすい，話し掛けにくいといった問題も生じてきます。実習生の大半は，穏やかな利用者，意思疎通の図りやすい利用者と関わろうとします。また，職員に対しては，聞かれれば答えるが自分からは進んで声を掛けようとはしないといった，いわば，職員を避けている様子もしばしば見聞きします。実習生自ら多くの利用者に対し積極的に働き掛け，そこで利用者の特性を把握しながら，話の内容，展開を含むコミュニケーション方法を身に付けていくことも事前ボランティアを行うことの利点であるといえるでしょう。

　また，職員に対しては，端的かつ明瞭に物事を伝えること，そして「ほう・れん・そう」（報告・連絡・相談）を励行することの訓練も必要になります。こうしたことは，実習生はもとより，社会人にとっても上司に対する報告・連絡・相談は欠かすことのできない重要な事柄であり，社会人としてのマナーでもあります。

　そして，職員も人間です。真摯な態度で相談に来てくれる実習生，自分を頼って質問に来てくれる実習生には親切丁寧に対応してあげようと思うのが正直なところではないでしょうか。

　このように，いち早く利用者や職員と会話を交わすことに慣れることで，両者との良好な関係も築け，その結果，より充実した実習になることも考えられます。

3. ボランティア活動による介護実習へのメリット

　その他にも，自身の視野が広がる，協調性が得られるといったメリットもあるでしょう。

　前者について説明すると，何を行うにも視野が広いに越したことはありません。視野の広い人は，物事を長期的かつ客観的な視点から見ることができます。つまり，冷静に分析，判断できる目をもち，また，自分の考えが全てではないという認識をもつことで，他者の意見にも耳を傾けることができるということも特徴の一つといえます。

　一方後者については，ボランティア活動を行ううえでも，また実際に介護の現場で働く際にも協調性は重要なことです。

　「多職種連携」「チームケア」という言葉があるように，利用者支援においては一人の利用者を一専門職者で支援，対応するものではありません。情報を共有しつつ，各専門職者と連携を図り，個々の専門性を発揮することで目標達成につながります。多くの専門職が働く環境に身を置くことで自ずと「強調性」が身につき，その重要性の認識にもつながります。

　以上のことが，実習先で，あるいは，実習に行く施設と同種別の施設において事前にボランティアを行うことの意義と考えられるでしょう。

　実際，介護実習においては，一人の利用者を対象者とし個別支援計画を立案し，実施・評価するといった一連の介護過程を展開することになります。そこで，実習生は，利用者はもとより，職員ともコミュニケーションを図り，必要に応じ職員に対し「ほう・れん・そう」（報告・連絡・相談）を励行していかなければなりません。実習前に利用者対応や職員との関わりに慣れて置くことは，大変意義有ることであり，何より自身が余裕をもって実習に臨めることにもなります。

　ボランティアといえども，目的意識をもって臨むべきであり，活動に取り組んでいくことで，実習における課題も見えてくることも大いに考えられ，さらに，目標とする介護福祉士に出会うことでモチベーションを高くもち実習に臨むこともできるでしょう。たとえ短期間であっても事前にボランティアをするのとしないのでは差がでます。実習においては，施設側で計画を作成し，それに基づいて実習生は動くことになります。したがって，実習中は難しいが，ボランティア期間であるが故にさせてもらえること，多少の無理も聞いてもらえることもあるかもしれません。

　有能な介護福祉士になることを目指し，目前に控える実習を意義あるものにするためにも率先して実習前のボランティア活動に取り組んでみてください。

第3章

....

実習中の取り組み・
留意事項

第12講　実習中，職員・利用者との関係はどう築けばいいの？

　長期間に及ぶ実習を意義あるものにするためには，職員や利用者と良好な関係を築くことが何より重要となります。それには，"第一印象"でいかに好感をもってもらえるかがポイントとなるでしょう。よく「人は短時間で相手を判断する」ということを耳にします。

　そこで，実習生は職員はじめ利用者から信頼され，良好な関係を築くことができるよう「学ばせていただく身」であるという謙虚さと認識をもって実習に臨まなければなりません。

　ここでは，相手に好感・好印象を与え関係構築につながるであろう事柄について考えてみましょう。

1．服装・身だしなみを整える（詳細については第16講参照）

　第16講において取り上げていますが，相手への印象，関係構築においてはまず，服装・身だしなみに対する注意が必要です。

　実習着は汚れていないか，しわだらけになってはいないか，そして実習生としてふさわしい服装であるか再度確認してみて下さい。

　また，男性・女性問わず髪形や髪の色，さらには男性であればひげは伸びていないか，女性であれば派手な化粧ではないかなど身だしなみに対しても気を配る必要があります。自分の服装や身だしなみも整えられない状況で他者から信頼してもらえるか，さらには，こうした人に介護してほしいと思うかよく考えてみましょう。

2．あいさつの励行

　人間関係づくりは，"あいさつ"から始まります。事実，あいさつをされて不快に思う人はおそらくいないでしょう。

　実際，あいさつには場の雰囲気を和ませることのほか，自分や相手の緊張をほぐす，会話のきっかけになる，相手に好感をもたれ人間関係がよくなるなどの利点があるといわれています。こうした点を踏まえ，職員や利用者に対し率先して

あいさつするよう心掛けましょう。

　また，笑顔で大きな声であいさつすることは，体調が良く気分が安定していることのアピールにもなります。逆に小声で無表情もしくは不機嫌そうな表情でのあいさつとなれば，良い印象はもたれないばかりか，体調でもわるいのではと相手を心配させることにもなります。

　そのほか，あいさつとは，単に「おはようございます」「こんにちは」といった言葉掛けだけを指すものではないことも心得ておきましょう。「○○短期大学（○○専門学校）から参りました○○と申します」や「実習生の○○と申します。よろしくお願いいたします」など，養成校名および自分の名前を名乗ることもあいさつのうちなのです。

　ここで施設での利用者対応について考えてみてください。施設といえども利用者にとってそこは家，すなわち生活の場なのです。利用者にしてみれば，実習生は家（生活の場）を訪ねてきた見知らぬ人ということになります。利用者との関係を築くうえでは，まず，自分は誰でどのような目的でどこから来たのかを相手に伝えることが大切です。つまり，人としての礼儀を尽くすことで関係が築かれるということをおさえておきましょう。

3．職員・利用者に対する積極的な質問・問いかけ

　実習施設の実習指導者の役割は，実習生の成長を育むことです。つまり，日々，実習生が抱える疑問・課題等に対し，対応方法をはじめとした解決策などを常に考え実習を支えてくれているのです。実習生は，実習指導者の言動に感謝し，実習生としてふさわしい態度で実習に臨むことが重要です。その一例が職員に対する積極的な質問です。積極的に質問することで，実習生のやる気や積極性が相手に伝わり関係が深まることもあり得るのです。また，実習指導者はじめ他の職員も人間ですから，「自分を頼りにして質問に来てくれた」「自分と積極的に関わろうとしてくれている」と思えば，その実習生に好意的な態度で接してくれることにもなり，関係構築にもつながります。ただし，実習指導者の状況を見ながら，質問するタイミングには十分注意しなければなりません。

　実習生は，わからないこと・できないことがあって当然です。わからないことなどをそのままにせず，自己成長のためにも積極的に質問するよう心掛けましょう。そして，その実習指導者との質問のやり取りやその際の実習生の態度が良好な関係を築くことにつながることを念頭に置くことも大切です。

　また，利用者対応においても積極的な問いかけは必要となります。ここでは，

質問というより，あえて親近感，物柔らかさを考慮して「問いか
け」と表現しておきます。利用者との信頼関係を築くにはやは
り，コミュニケーションは欠かせません。しかしながら，初め
ての実習を経験した実習生から
「（自分との年齢差のある）利用
者と何を話せばよいのかわから

ない」「利用者との会話が続かない」など，いわゆる利用者とコミュニケーション
を図ることの難しさ示す発言を多々耳にしているというのが実状です。

　もちろん，利用者が見ず知らずの実習生に容易に心を打ち明けるとは考え難いも
のです。そこで，利用者とコミュニケーションを図るうえで利用者の発言に対す
る「問いかけ」を心掛けることで会話が弾むことにもつながります。そして，それ
が互いの信頼関係につながるのです。また，利用者と関われば関わるほど，そ
の人の特性や考え方などがわかってきます。好みや考え方は十人十色であり，そ
の人のことをよく知ることが実習生には求められるのです。そこで，実習生はた
とえわずかな時間であっても問いかけを考慮した利用者とのコミュニケーション
を常に心掛け行動するよう努めましょう。

　長期間の実習を意義あるものにするためには，やはり，「職員・利用者との関係
構築」は重要なこととなります。職員に対しては，実習生としてふさわしい態度
（学ぶ姿勢・謙虚さなど），かつ，積極的な姿勢（あいさつ・質問などの励行）を
心掛け関係を築く必要があるといえます。

　そして，利用者との関わりにおいても，実習期間中，実習生に課される「介護
過程の展開」を実践するには関係構築は欠かせません。実習生が立案した計画に
対する実践は，利用者の協力が必要になります。関係が築けていない状況で「〜
をしていただけますか？」「〜してもよろしいでしょうか？」と確認しても到底よ
い返事・よい対応は望めません。仮に対応してくれたとしても，それは「仕方な
く」ということもあり得るのです。

　実習生は，“関係構築”の重要性をしっかりと認識し実習に臨みましょう。

第13講　実習中，どこまでを報告・連絡・相談 （ほう・れん・そう） すればいいの？

1.「ほう・れん・そう」とは

「ほう・れん・そう」とは，「報告」「連絡」「相談」の頭文字をとった略語で，今ではビジネスパーソンの常識となっています。「ビジネスパーソン」とは記しましたが，もちろん，施設で働く職員も社会人として当然求められる重要な事柄となります。そして，そのような介護現場で実習を行う実習生も現場に出て利用者支援にあたる以上は報告・連絡・相談する必要性が生じます。

ここで改めて，「ほう・れん・そう」すなわち，報告・連絡・相談について簡単に確認しておきましょう。

報告 …	任務を受けた者がその状況や結果を告げ知らせること
連絡 …	情報や伝達事項を知らせること
相談 …	物事を決定する際などに他者に意見を求めたり，話し合いをすること

これらの意味を考えると，実習生といえども報告・連絡・相談することを求められる理由がわかるでしょう。

1）報告

まず，最初の報告について補足すると，どのような分野で仕事をするにせよ，上司から指示，命令，依頼がくることは多々あります。それに対し，部下は状況報告や結果を伝えることは当然のことであり，また，報告，結果の内容を共有する意味でも大切なこととなります。

介護施設においても「計画（案）を作成してほしい」「資料を作成してほしい」という依頼を受けることがあるでしょう。それに対し，依頼を受けた者は限られた期限内に求められた計画（案）や資料を提出するか，あるいは，間に合わないようであれば作成できていないという実状や理由を伝えるなど，何かしらの報告をする必要があります。こうしたことからも，報告は義務的なコミュニケーションとい

えるでしょう。

2）連絡

　また，連絡については，組織として仕事をする以上，全員に事実を周知することが肝要なこととなります。いうまでもなく，「多職種連携」「チームケア」を基本とする介護現場においても欠くことのできない重要な事柄であるといえます。

　なお，連絡において大切な点は，伝えることは事実のみとし，自分の見解・意見は交えないということです。

　例えば，介護現場においては，業務の進行過程において突発的な問題がたびたび起こります。そうした際，他の職員に対し「問題が発生している」事実を知らせ共有することで，意見や対応を仰ぐこともでき，また，リスクマネジメントについての検討にもつながります。

3）相談

　次は，相談に関してです。誰でも仕事において経験したことのない事態に直面することは多かれ少なかれあるでしょう。その際，判断や対応を間違えると取り返しのつかない事態になりかねません。そこで，上司や先輩，同僚などに相談することで判断材料も増え，また，別のアイデアも得ることができ，自身の正しい判断につながります。

　以上の事柄を考慮すると，自ずと「ほう・れん・そう」の大切さが感じられるのではないでしょうか。

　事実，多職種連携を基本とする組織におけるコミュニケーションは，その多くが「ほう・れん・そう」で成り立っているといっても過言ではありません。

　それでは一体，「ほう・れん・そう」を怠るとどういった影響がでてくるでしょうか。

　組織として仕事をする際，お互いの意思疎通は極めて重要な事柄となります。「ほう・れん・そう」を怠ると互いの意思や感情，思考を伝達し合うことや情報伝達を指すいわばコミュニケーションに問題が生じトラブルが発生する確率が高くなります。

　また，計画は計画通りに事が運ぶ（仕事をする）前提で立案されていますが，トラブルが生じれば計画通りに進まなくなります。

　これらは，いずれも「ほう・れん・そう」を励行していれば対策が打て，トラブルを回避することもできるのです。

2. 実習中の「ほう・れん・そう」

　実習生は実習中，どこまでを報告・連絡・相談すればよいのでしょうか。

　実習生の職員に対する報告・連絡・相談は「どこまでを」というものではありません。事あるごとに随時励行する必要があります。ただし，介護現場で働く職員は忙しいため，報告・連絡・相談のタイミングにも注意しなければなりません。

　実習生は，まず介護施設で生活する利用者は少なからずリスクを背負った人たちであるという認識をもつ必要があります。なぜなら，利用者の特性等を把握しておらず対応してしまったが故に，取り返しのつかない事故につながる恐れがあるからです。これが，先ほど「事あるごとに随時励行する必要がある」といった所以です。

　ここで，実習生が報告・連絡・相談を必要とするケース，場面をいくつか考えてみましょう。

1）利用者から物を渡された（受け取るように強要された）場合

　実習期間中，実習生は職員と一日行動を共にし，利用者対応方法や介護技術等いわゆる介護福祉士の担うべき業務について学ぶというのが一般的かと思います。そうしたなか，ある一定時間，（職員のもとから離れ）利用者と向き合いコミュニケーションを図るよう伝達されることも往々にしてあることです。その際，実習生は，単にコミュニケーションを図っていればよいのではなく，利用者の言動や変化，様子に注意を払い必要に応じ職員に連絡をする必要があります。また，利用者と二人きりになった際に，利用者から物を渡される（受け取るよう強要される）こともあります。こうした状況に対して，実習中に利用者から金品を受け取ることのないよう指示・伝達している養成校が大半でしょう。

　したがって，「断る」ことが前提ではありますが，利用者の善意に対し，相手を傷つけないように配慮することが実習生には求められます。「大変ありがたいのですが，（物をいただくことは）学校で禁止されていますので。申し訳ございません」と断ること

ができれば断り，さらに強要される場合は，相手の気持ちを汲み取って一旦受け取り，直ちに職員に対し，状況を報告し，受け取った物を預けるといった対応も必要といえます。

2）報告・相談の重要性

　その他，職員から何か仕事を頼まれた場合にその結果や，終了した旨の報告，さらには，施設の物品を破損させてしまった際の職員への報告などは速やかに行うよう心掛けましょう。

　そして，おそらく実習生にとって一番しづらいのが相談ではないでしょうか。普段接している養成校の教員とは違い，現場の職員となれば無理もないことでしょう。とはいえ，実習期間中，職員への相談なしに物事を遂行することは適切とはいえません。

　たとえば実習生は，実習期間中，個別支援計画を作成し実践，評価するといった，介護過程の展開を試みます。スムーズに対象者が決定し情報収集に取り掛かる実習生もいますが，対象者が決まらない場合には職員に対し相談してみることも大切です。また，対象者が決定した後の計画立案，実践段階においても必要に応じ，職員に相談や確認，報告しながら進めていかなければなりません。

　介護施設側は，モチベーションの高いやる気のある実習生を望んでいます。そこで，実習生には積極的かつ前向きな姿勢で実習に臨むことが求められます。実習生は，実習開始に伴い実習目標を設定し，また，日々の実習のなかでの新たな課題が発見でき，さらには携わってみたい場面，行ってみたい事柄なども明確になってきます。実習が終盤に指し掛かった頃には「○○に携わらせていただくことはできますでしょうか」「○○さんの○○介助をさせていただくことはできますでしょうか」など積極的に相談してみてもよいのではないでしょうか。対処・対応できるかどうかは職員の判断となりますが，自己成長のため，また，積極性を示すという意味でも相談してみる価値はあるといえます。

　最後に一点，職員に対して「報告」したことは，実習巡回担当教員へも随時事細かに報告する習慣を身に付けておきましょう。

　要するに「ほう・れん・そう」は実習を含めた"仕事"をするうえでの常識・マナーなのです。

第14講　実習日誌を含む記録物について注意すべきことはどんなこと？

　介護実習に記録物は付き物で，実習の段階や内容によってさまざまな記録用紙が用意されています。もちろん，介護実習で用いられる記録物はいずれも学習効果を高め，実習を意義あるものとするために用意されたものであり，実習生はそれぞれの記録物の記載方法や目的等を理解し適切に記すよう努めなければなりません。

　また，記録には，いわゆる「個人情報」にあたる事柄を記すことにもなります。そのため，実習生は記録物の取り扱いにも十分注意しなければなりません。

　そこで，本講では記録物における留意点について確認していきましょう。なお，第20講では実習日誌について触れています。あわせて確認してみて下さい。

1. 各記録用紙の目的を理解する

　介護実習では，段階に応じて学びの目的が異なります。そこで，養成校では実習生の実習目標が達成され学習効果を高められるよう各記録用紙に工夫を凝らしています。記録を安易に考え，漠然と課せられた記録物に記入するだけでは，せっかくの学びの仕掛けが詰まった記録物や記録の機会を無駄にしてしまうことになります。つまり，実習生には今回の実習において，なぜこの記録物が必要なのか，何を意図して配布されているのかなどをよく理解し記録用紙を記していくことが求められているのです。

2. 記載時の留意点

1）筆記用具

　実習の記録物はボールペンで記載します。最近では，消すことのできるボールペンを目にしますが，介護実習では使用しないようにしましょう。もちろん，便

利なものではありますが，種類によっては時間の経過とともに文字が薄くなり，見えにくくなることもあるようです。後に記録物を見直すということを考えると適したものとはいえません。そして何より，記録は重要な「証拠書類」でもあるのです。筆記用具といえども，利便性だけを考え安易に選択しないよう心掛けましょう。

油性ボールペン

2）訂正方法

　記録時の書き間違いは誰にでもあることです。文字を修正する時は修正ペンや修正テープは用いず，「訂正印」を使い書き直すようにしましょう。その際，訂正箇所の二重線（＝）も定規を使って引くことを覚えておきましょう。また，あまりにも訂正箇所の多い記録は読みにくく，読み手の印象もよくはありません。"読みやすさ"を考慮し丁寧に記録を書くことも実習生のマナーです。

3）固有名詞の記載をしない

　記録を書く際，「固有名詞」には十分注意をしなければいけません。利用者の氏名や地名（住所地・出身地）等はもちろんのこと，利用している（あるいは利用していた）施設・病院名も同じです。一例を挙げると，介護過程（個別支援計画）に取り組むうえでのフェイスシートなどにおいて利用者の現入所施設への「入所に至る経緯」を記す欄を目にします。そこで，実習生としては，利用者のケースファイルを見せてもらい記載内容の必要箇所を転記して文章を書くことになろうかと思います。しかしながら，施設で保管されている記録物は，「○○年○○月，○○により○○病院に搬送され入院することとなった。退院後，○○施設での通所リハビリテーションを経て本施設への入所となった」など病院名，施設名が実名で記載されていることも少なくありません。

　記載方法については，利用者個人に関してはイニシャルで書くのかあるいはＡ氏と記すのか養成校によって指導内容が異なりますので指示に従い記載することになります。

　また，地名や病院・施設名も基本的には実名では記載しません。実習生の皆さんは，固有名詞とは人名や地名だけではなく，病院や施設の名前，都道府県名，市町村名も含まれることを認識し，その記載方法についても実習担当教員の指示を仰ぐことが大切です。

4）利用者の尊厳に配慮した表現の徹底

　介護実習は，利用者なくしては成立しません。実習生は，実習をさせていただいているという謙虚な気持ち，さらには介護福祉士を目指す者として利用者を敬う気持ちをもち記録を書くことを忘れてはいけません。そして，利用者に対する指示的な表現や尊厳に対し配慮を欠く表現や文章は避け失礼のない記録を心掛けましょう。

3. 管理の徹底

　記録物の留意点は記載についてだけではありません。実習生は，記録物の管理を徹底しなければいけません。先にも述べた通り，実習の記録用紙には利用者の実名が記されていないといえども，実習施設名はじめ，介護過程（個別支援計画）に関する記録であれば対象者の既往歴や現在患っている疾病・疾患名さらには，家族構成や入所に至る経緯などの諸情報が記されています。場合によっては，実習生の書いた記録から個人が特定されてしまうこともあり得るのです。そうした情報の詰まった記録物をどこかに置き忘れた，あるいは，紛失してしまったということになれば大変なことになってしまいます。

　また，記録物は実習指導者に対し，毎日提出するものもあれば，必要に応じ適宜提出するものもあります。食べこぼしなどで記録物が汚れていないか，保管状況が悪いが故に破れたりしていないかなどに対する注意も必要です。つまり，書類管理の状況から実習に対する姿勢についても判断されてしまうのです。

　このように，実習生にとって記録物の管理は極めて重要な事柄となります。利用者はもとより，実習施設に迷惑を掛けることのないよう管理には十分注意を払うことが大切です。

　以上が記録物について必要最低限守ってほしい事柄です。そのほかにも，養成校から独自の指示があるかもしれません。伝達のあった留意事項をしっかりとおさえ，適切な方法で記録を書くことも介護福祉士を目指す実習生にとっては重要な実習業務といえるでしょう。

第15講 実習期間中はどんなことに注意して過ごせばいいの？

　実習期間中，実習生は，さまざまな点に注意し日々過ごさなければなりません。それは，実習施設内のみならず，休日や帰宅後の過ごし方にまで及びます。

　たとえば，実習施設内においては，実習に臨む態度・姿勢，身だしなみ（第16講参照），利用者や職員に対する言動などが挙げられます。いずれも実習生という立場をわきまえ，判断することが求められます。

　次に休日や帰宅後についてです。本講においては，こちらに重点を置き休日や帰宅後の過ごし方・留意事項について詳述していきます。

1. 体調管理には注意する

　介護実習は，慣れない環境に身を置き，常に緊張感をもって利用者や職員と関わることから，かなりの疲労が重なります。また，それが原因となって体調を崩す実習生も少なくありません。体調が優れないと満足のいく実習は行えず，結果として利用者や職員に迷惑を掛けることにもなりかねません。

　また，実習生にとっては，「（怪我・病気は）大したことではない」「ただの風邪」ということであっても，抵抗力の弱い利用者が感染し重篤な症状を呈することもあり得るのです。実習生が感染源とならないように注意しましょう。

　こうしたことからも，実習生は体調管理には十分な注意が必要です。特に次の点は心得ておきましょう。

1）抵抗力・免疫力をつける

- 毎日，しっかりと食事と水分を摂りましょう。
- 睡眠不足は，体調を崩す大きな要因となります。日々の記録も大切ですが，寝る時間がないということのないように自己管理・時間管理を徹底しましょう。

2）感染経路を遮断する

- 実習中は，人の多い場所への外出は避けましょう。
- インフルエンザ等が流行する時期に実習を行う場合もあるかと思います。ワクチンの接種も心掛けましょう。
- 手洗い，うがいを徹底しましょう。

２．秘密保持義務・守秘義務の徹底

　「X（旧 Twitter）」「Facebook」「Instagram」「LINE」など，今やさまざまな通信媒体が存在しています。実習生にとっては，これらのツールが生活の一部になっているかもしれません。加えて，多くの情報をSNSにアップすることが日常的となっている人もいるでしょう。しかしながら，これらの媒体は，公共性が高く，状況によっては多くの人の目に触れることにもなります。したがって，他者に伝えたいことがあっても，実習に関する情報の取り扱いについては十分に注意しなければなりません。

　また，通信媒体を通じてのほか，帰宅した後の家族等との会話にも注意が必要です。実習では多くのことを体験・経験します。特に，嫌な思いをしたことや悲しい体験をしたことなどは，つい愚痴のように家族等に話してしまいがちです。しかし，ここでも「秘密保持義務・守秘義務」に立ち返り，話すことは我慢しましょう。

　情報はどこから漏れるかわかりません。大きなトラブルに波及しないよう秘密保持義務・守秘義務は徹底しましょう。

3. 実習期間中はアルバイトをしない

　今や大学生，短大生，専門学校生の大半がアルバイトをしていることでしょう。アルバイトの内容にもよりますが，「アルバイトは社会勉強」とも言われるようにそこから得られることも多々あります。実際，社会や仕事の実状を書籍等からだけで学ぶには限界があり，働くとはどういうことなのか，必要な立ち居振る舞いやマナーとはどのようなことなのか等を理解するには，やはり経験することも大切です。とはいえ，学生の本業は学業であり，学業に支障を来たしては本末転倒です。ましてや，アルバイトが原因となって実習施設や利用者，職員に迷惑を掛けるようなことはあってはならないことです。

　アルバイトをすることで，生活リズムが乱れ，実習中の事故につながることも十分に考えられます。実習の休みの日は，体を休めたり，記録物の記載に取りかかる等有意義に使いましょう。

　大半の養成校で「実習中のアルバイトは禁止」としていることと思います。実習期間中は実習に専念し，終了後，意義ある介護実習であったと思える実習にしましょう。

　以上が，特に休日や帰宅後についての留意事項になります。

　最後に一点付け加えますが，実習生の皆さんが目指す介護福祉士の根拠法に当たる「社会福祉士及び介護福祉士法」にも社会福祉士及び介護福祉士の義務等として，「秘密保持義務」について規定されています。これを機会に，本法律も再確認してみて下さい。

　国家資格である「介護福祉士」の資格取得を目指す実習生には，その資格の重み，すなわち重大さ，さらには，自身の言動等について十分に認識し実習に取り組むことが大切です。

第16講 実習中の服装・身だしなみで注意することってどんなこと？

　身だしなみが信頼関係の構築に与える影響は大きいと言われています。初めてあった時の第一印象が相手側にもたれる自分のイメージであるということを意識しておく必要があります。つまり，初めて会った相手の印象に影響を与える事柄の大半は「見た目」によるものであるといえます。初めて会った利用者やご家族に「この人なら安心して介護を任せられそうだ」と思ってもらうためにも，身だしなみを整えることは大きな意味があります。

1．実習中の服装

　原則，学校で着用している実習着を使用することになります。施設によっては実習着でなくカジュアルな服装でよい場合もありますが，派手なプリントシャツなどは避けましょう。また，伸縮性のある動きやすい服装が良いでしょう。とりわけ女性の場合は下着が透けない衣服を着用するよう心掛けることも重要です。

さらに身体のラインが強調されるものも周囲によい印象を与えません。ぜひ覚えておきましょう。そして、ズボンを腰ではく（腰パン）、ズボンのすそを引きずるなどだらしなさを感じさせる格好も実習生自身のマイナス評価につながってしまいます。

実習中に着用した服は毎日持ち帰って洗濯し、清潔を保つことも専門職者としてのマナーであることも忘れてはいけません。

疲れにくい運動靴とソックス

靴は疲れにくい運動靴を用い、いざという時すぐに対応できるようにしておきましょう。そして、歩く音にも配慮するとともに、すべりにくい靴を選ぶことも大切です。

2. 髪, 化粧, 香水等

化粧や髪型は清潔感が大切です。顔は、その人を判断する上でとても重要な部分です。男性はひげが伸びていないか確認し、毎朝ひげをそることを忘れないようにしましょう。相手に自分がどのように映るのか、相手に不快な思いをさせていないか常に気を配るよう努めましょう。

茶髪や金髪は実習生にとってはおしゃれのつもりであっても、利用者や職員の目には不真面目そうな実習生と映ってしまいます。介護実習はおしゃれを披露する場所ではありません。髪の毛は染めず、自然な髪色で実習に臨むようにしましょう。また、長い髪はきちんとまとめ、前髪やサイドの髪も顔や目にかからないようにしましょう。自分の顔の表情が相手に見えるように整える必要があります。加えて寝ぐせなど髪が乱れたまま実習に行くことがないよう、時間に余裕をもって準備をしましょう。

化粧は表情を明るく生き生きと見せるナチュラルメイクが基本です。

香水等についても、相手に対し不快感を与えることにもなりかねません。実習中の香水等の使用は避けるべきと考えましょう。

3. 爪・マニキュア

　介護実習では，移動介助や入浴介助など，利用者と接触する場面が多くあります。

　そのような場面で利用者を傷つけることがないように，爪は短く切り，角がないようにやすりをかける等の配慮も必要です。もちろん，マニキュアの使用も厳禁です。

4. 装飾品

　移乗介助や入浴介助をする際，装飾品で利用者を傷つけてしまう危険があります。指輪やネックレス，ピアス，イヤリングなどの装飾品は身に付けないよう注意しましょう。また利用者の安全を第一に考え，メモ帳やペンも胸ポケットに入れない等の細かな点まで考慮するよう努めましょう。

　以上が実習を行うにあたり実習生が気をつけなければならない「服装・身だしなみ」についての事柄です。実習生であるという立場をわきまえ，利用者や施設に対して失礼のない対応を心掛けましょう。

　次ページの「身だしなみチェックリスト」も参考にしてみてください。

身だしなみチェックリスト

頭髪
- □ 髪の毛が，派手な色になっていないか？
- □ 髪がボサボサになっていないか？
- □ 前髪が目に被っていないか？
- □ 整髪料の香料が強すぎないか？

顔・口
- □ ひげが伸びていないか？（男性）
- □ 厚化粧をしていないか？（女性）
- □ タバコの臭いがしないか？
- □ 口臭に気をつけているか？

手・指
- □ 爪を伸ばしっぱなしにしていないか？
- □ 爪の中に垢などが付着していないか？
- □ マニキュアをしていないか？
- □ 指輪や腕時計は用いていないか？

服装
- □ 服をきちんと洗濯しているか？
- □ 服が汚れていないか？
- □ シャツ等をきちんとズボンの中に入れているか？
- □ ボタン等が取れていないか？
- □ 下着が透けていないか？（女性）
- □ ズボンの丈が長すぎて床に引きずっていないか？
- □ 香水を付けていないか？

足元
- □ 運動靴を持参・着用しているか？
- □ 靴のかかとを踏みつけていないか？
- □ 靴下が汚れていないか？
- □ 靴下が破れていないか？

第17講 実習中，持っていくべきものは何？

　介護実習について不安と感じる学生は，思いのほか多いのではないでしょうか。ましてや初めての長期実習となればその傾向はより高まります。

　実習中は，利用者や職員とどう関わればよいのか，適切な介護・介助が行えるのか，しっかりとした記録が書けるのか，何を用意すればよいのかなど不安要素を挙げれば切りが無いというのが正直なところかもしれません。不安なく意義ある実習とするためには，まず，忘れ物なく，持つべきものをもって万全な態勢で実習に臨むことが大切です。

　持ちものについては，実習当日に慌てることのないように，前もって準備・確認しておきましょう。

　そこで，本講では，実習にあたっての持ちものについて確認していきます。

1．服装・履物

　原則，各養成校指定の実習着（ジャージ）を着用します。ただし，同じものを毎日着るわけにもいきませんので，自身が愛用しているものを用いることにもなります。派手な色，柄ものは避け，動きやすい服装で実習に臨みましょう。また，履物についても上履き（かかとのあるもの）を用意し，いざという時にすぐに動けるものを用意しましょう。

2．介助時に必要となる物品

　前述の実習着のほかにも，入浴介助・食事介助時に必要となる物品もあります。入浴介助時においては，Ｔシャツ，短パン，汗拭き用のタオルが必要になります。ここでも派手な色，柄ものは避け，また，女性の場合，下着が透けない色のＴシャツを用意することも覚えておきましょう。

　また，食事介助においては，エプロンが必要です。いうまでもなく食事介助時と排泄介助時に同じエプロンを用いるわけにはいきません。排泄介助時に使用するエプロンは貸してくれる施設もありますので，事前に排泄介助時のエプロンの要否について確認しておく必要があります。

3．実習関係書類

　実習期間中，配布された実習関係書類はすべて毎日持って行くべきと心得ておきましょう。場合によっては，指導上あるいは，進捗状況等の確認の意味で実習指導者から「書類（用紙）を見せてもらえないか」と言われることもあります。

　また，実習日誌については，当日提出の場合と翌日提出の場合があります。事前に実習指導者に確認しておく必要があります。実習関係書類については，その重要性を認識しわかりやすく読みやすい文章で書くことを心掛け，またその取り扱いにも十分注意しましょう。

4．筆記用具・印鑑

　実習中，自身の取り組みや利用者の状況などを書き留めたり，職員からアドバイスをいただくこともあるでしょう。そのため，ズボンのポケットに入る大きさのメモ帳とボールペンを用意しておく必要があります。実習中は常に携帯しておきましょう。

　そのほか，印鑑も必要です。できれば，出席簿等に押印するための印鑑（朱肉を必要とするもの）と実習記録等の訂正箇所に押印する訂正印を用意するとよいでしょう。実習関係書類のように施設に提出すべき書類については，修正ペン・修正テープなどは用いず，訂正印で対応するのが常識です。また，訂正箇所の二重線（＝）もフリーハンドではなく，定規を用いることを覚えておきましょう。

5．辞書・教科書・参考書等

　実習記録や実習日誌等を書く際，辞書（電子辞書）や教科書・参考書があると便利です。記録物は，わかりやすく読みやすい文章で書くことが基本です。漢字で書くべき文言を漢字がわからないが故にひらがなでというわけにもいきません。また，専門用語を用い記載することにもなります。

　最近では，スマートフォン等を使って検索することが多いかも知れません。しかしながら，実習中はスマートフォンや携帯電話を用い調べることはおすすめできません。多くの養成校で「休憩時間といえども実習中」ということでさまざまな注意事項を伝達していることと思いますが，実際に，記録時間中にスマートフォン等で調べごとをしていたところに職員が入ってきて「記録時間中にLINEをしていた（メールをしていた）」など誤解されたというケースも確認されています。

必要に応じ，辞書（電子辞書）や教科書・参考書，用語辞典を用意しておきましょう。

６．昼食・飲料水

「実習中，昼食を買いに外出することは禁止」と考えておきましょう。昼食の用意はもちろんのこと，飲料水も多めに持って行くようにしましょう。養成校によっては，夏場に実習を行うところも数多くあります。実習生も適宜水分補給をし，脱水症・熱中症予防に努めることが大切です。また，施設によっては，実習生の希望に応じ利用者と同じ食事を有料で提供してくれるところもあります。利用者が食している物と同じ昼食を食べてみることで味付けや柔らかさ等を確認することができ，実習生にとってもよい経験になります。昼食申し込みの可否，代金支払い方法等については，実習指導者に確認・相談してみて下さい。

実習生を含めた介護従事者は，利用者の健康に十分注意しなければなりません。あわせて，対人援助職として自身の健康にも気を付けなければなりません。食事，水分をしっかりと摂り万全な体調で実習を乗り越えましょう。

７．保険証・常備薬

実習中に体調を崩したり，怪我をすることも考えられます。万一に備え，保険証を用意しておくことも大切です。また，常備薬も各自で用意しておきましょう。

以上が介護実習において必要とされる主な持ちものです。

持つべきものはもって万全な態勢で実習に臨むことは，実習生としてのマナーです。

実習前日に，もう一度持ちものを確認しましょう。

忘れていませんか？

- ☐ 実習着
- ☐ 上履き
- ☐ Ｔシャツ
- ☐ 短パン
- ☐ 汗拭きタオル
- ☐ エプロン（食事介助用・排泄介助用）
- ☐ 実習関係書類
- ☐ 筆記用具
- ☐ 印鑑
- ☐ 辞書・電子辞書
- ☐ 教科書・参考書・用語辞典
- ☐ 昼食
- ☐ 飲料水
- ☐ 保険証
- ☐ 常備薬

第18講 欠席・遅刻の際の連絡は施設だけに入れればいいの？ また，その際の補講実習は必要なの？

　実習は遅刻，欠席することなく行くべきものです。しかしながら，人間誰しも常に健康でいられるわけではなく，時には病気や怪我により欠席せざるをえないこともあれば，諸事情により遅刻してしまう場合もあります。実習生にとって最も大切なことは，欠席・遅刻する際に実習施設および学校（養成校）に連絡を入れることです。必ず実習施設と学校（養成校）の連絡先は登録しておきましょう。

1．欠席について

　養成校からは，「実習中は健康管理に十分注意するように」と繰り返し指導されていることでしょう。しかし，長期間に及ぶ実習においては体調を崩すこともめずらしいことではありません。実習生によっては，他の実習生と同時に実習を開始し同時に終了したいとの思いから，体調が悪くとも多少無理をしてでも実習に行ってしまう人もいます。ここで大事なことは，自分のことだけを考えて判断するのではなく，利用者への影響を考慮し「無理せず休む」という選択をすることです。

　ただし，実習指導者やその日の介護担当職員は，当然，実習生が来るものと思っており，事前に実習プログラムを作成しています。体調が思わしくなく欠席する際は，なるべく早く施設に連絡するようにしましょう。実習開始時間の間際に連絡を入れると「本当は寝坊して間に合わないから体調不良ということにしているのでは」ととられてしまうかもしれません。

連絡手順

①実習施設へ連絡

- 実習指導者が電話に出た場合は，症状および欠席する旨を伝えます。なお，医療機関での受診後，再度結果報告の連絡を入れる旨，話をしておくとよいでしょう。
- 実習指導者不在の場合は，電話に出た職員に実習指導者への伝言をお願いします。その際，その職員の名前を忘れずに聞いておくことが大切です。

②実習巡回担当教員へ連絡

- 実習施設に欠席連絡を入れた後，実習巡回担当教員にも連絡を入れましょう。実習巡回担当教員も忙しく，常に電話に出られるとは限りません。その際は，電話に出た教職員に実習巡回担当教員への伝言をお願いします。
  よくあるケースとして，実習施設への連絡は入れたが，実習巡回担当教員への連絡を忘れてしまったということを耳にします。実習巡回担当教員は，実習生の欠席がわかると，実習指導者宛てお詫びの連絡を入れ，あわせて補講実習についての相談，お願いをすることになります。実習生は，事の重要性を理解し，忘れずに実習巡回担当教員にも連絡を入れるようにしましょう。

2．遅刻について

　特別な理由が無い限り，実習中の遅刻はあってはならないことです。ましてや，その理由が寝坊ともなれば，「緊張感がない」とのレッテルを貼られてしまいます。遅刻することのないよう，早寝早起きを心掛けましょう。

　遅刻については，交通事情によることも考えられます。電車等公共交通機関を利用することもあれば，自家用車を使って実習に行くこともあります。とりわけ後者においては，事故渋滞等突発的な事情によるやむを得ない場合もありますが，欠席時同様，施設及び学校（養成校）には必ず連絡を入れる必要があります。

　また実習期間中，実習生においても職員同様，シフト勤務となります。早番・日勤・遅番と日によって実習開始時間が異なりますので，必ず翌日の実習時間を確認するようにし

ましょう。

連絡手順

①**実習施設へ連絡**
- ●実習指導者宛てに連絡を入れ，遅刻理由（交通事情・寝坊等）を正直に伝えます。
- ●実習指導者不在の場合は，伝言をお願いしましょう。

②**実習巡回担当教員へ連絡**
- ●実習施設への連絡後，実習巡回担当教員にも連絡を入れましょう。実習生からの電話を受けることで，実習巡回担当教員から実習施設へお詫びの連絡をし，あわせて遅刻時間分の対応等についての相談，お願いをすることになります。
- ●実習生は，その日の実習終了後，あるいは実習巡回時等に，○月○日○に何時間遅刻したのか，正直に実習巡回担当教員に伝える必要があります。

3．欠席・遅刻時の補講実習について

実習時間については，第1講でも記されているようにカリキュラムで規定されており，その時間に満たない場合は不足分を補わなければなりません。

また，補講実習の日程，方法等については，施設側の都合や各養成校の規定を考慮し調整，実施されます。

実習期間中は，自身の生活リズムを整え，また健康管理には十分注意し日々生活することが重要です。第15講もあわせて再確認しておきましょう。

第19講 毎日の実習目標はどのようなことを書けばいいの？

　実習目標については第7講でも取り上げていますが，実習を行うにあたり，実習全体を通しての目標とその目標達成を前提とした日々の目標は必ず設定・記載することになります。目標設定については，介護実習の場に限らずあらゆる職場，仕事で求められることであり，安易に考えず真剣に考え，目標達成に向けた言動をとることが大切です。

　そこで，本講では，実習生が実習日誌において毎日記載する実習目標について触れていきます。毎日記載する目標であるがゆえに多くの実習生から「目標として何を書けばよいかわからない」「書くことが思い浮かばない」「もう書くことがない」などという声を多々耳にするというのが実状です。

　ここで，改めて考えてみてください。皆さんが臨む介護実習の場は，利用者にとっては「生活の場」なのです。そこで，利用者は見ず知らずの実習生とかかわり，さまざまな場面において実習生に協力し皆さんの学習に寄与してくれているのです。つまり，介護実習は実習生にとって極めて意義ある機会となるのです。実習を実りあるものにするためにも第1章で記されている「介護実習の意義」「介護実習のねらい」（第1講）「実習に臨む姿勢」（第3講）などを再度熟読し，まずは目標の検討，目標の設定に取り組まなくてはなりません。

1. 毎日の実習目標を立てるうえでのヒント

　先述のとおり，実習生の多くが毎日の実習目標の設定に悩んでいるというのが実状です。では，実習目標を考える際，どのような点に注意を払ったらよいか確認していきましょう。

1）実習全体を通しての目標の再確認

　実習に取り組んでいると目の前のことへの対応で精一杯となり，目標を見失ってしまうことがあります。そこで，まずは実習前に立てた実習全体を通しての実習目標を定期的に読み返すことが極めて重要となります。実習全体の実習目標をメインテーマ，毎日の目標をサブテーマと考えることで実習全体の目標と日々の目標との関係性，また実習全体の目標を再確認することの大切さが認識できるで

しょう。つまり，全体の目標の達成に向けて現況把握に努め，自身が今何をすべきかを明確にし，日々の実践の目当てとするものが「毎日の実習目標」となります。

また，実習全体を通しての実習目標を常に意識することで，新たな課題や次に行うべき事柄，あるいは達成すべき事柄が明らかになってきます。

2）実習指導者や実習巡回担当教員などによる指導・助言に基づく目標の設定

実習期間中，実習生は多くの人たちから指導を受け，また助言を得ることになります。具体的には，実習指導者や実習巡回担当教員，さらにはその日の実習生の指導担当である介護職員があげられます。

日々の実践の場，実習巡回時，あるいは実習日誌のコメント欄などを通じて指導・助言の機会を得るものの，実習生自身に余裕がないがゆえに，実習指導者等からの指導・助言に対し表面的な理解で終わってしまうことも考えられます。しかしながら，現場職員（実習指導者・介護職員）や実習巡回担当教員は，多くの知識・技術，さらにはこれまでの経験などをもとに，実習生に対し適切な指導・助言を行います。

こうした指導・助言に関しては，単に答えを教えるのではなく，あえて実習生自身に考えさせ，会得・体得に努めてもらうという意味が込められているのです。

実習指導者や実習巡回担当教員等からの言動・コメントにも注意を払い，日々の実習目標設定の "ヒント" を逃すことのないよう心がけましょう。

2．毎日の実習目標の設定について考えてみよう

　先述の実習目標を立てるうえでのヒントを参考にしつつ，毎日，実習目標を考えることになりますが，まず，日々の実習目標の設定においては，利用者自身の「個別性」として，身体的機能・精神的機能・障害の特性などを観察，考慮することが大切です。

　また，ケアについては，食事・排泄・入浴介助の場面やその状況を勘案し，日々の目標を設定することもできるでしょう。

　そのほかにも，実習生自身のコミュニケーション能力・コミュニケーションスキルの向上を目的した事柄をはじめ，職員間の連携に着目した目標設定なども考えられます。

　なお，利用者の身体的・精神的機能や障害特性，さらにはこれらによる言動に注意を払い，食事・排泄・入浴の場面を想定し目標を設定することで，より具体的な目標設定が可能となります。

　要するに，自身が将来，介護福祉士になるために，さまざまな場面を考慮・想定し何を身につけるべきであるのか，どのような視点で物事を捉えればよいのか，さらには利用者の利益ということを第一に考えた場合，自分がどのように振る舞えばよいのか，そしてそのためにはどのようなことを学び得ておけばよいのかなどを考えることが目標の設定につながるのです。

具体的な実習目標の記載例

食事介助
- 食事摂取量が増えるよう，介助のタイミングや声かけを工夫し食事介助を行う。
- 誤嚥の防止に努め，利用者の状態・状況，嚥下を確認しながら食事介助を行う。

排泄介助
- 羞恥心に配慮した排泄介助（おむつ交換）ができるようになるための介助方法，留意点などについて学ぶ。
- 「自立支援」を考慮し，利用者の残存機能を活かした排泄介助方法を習得する。

コミュニケーション
- 利用者の思いを理解するため，非言語的コミュニケーションの活用を心がけコミュニケーションを図る（非言語的コミュニケーションの活用を心がけ利用者支援を行う）。

実習生は将来介護福祉士になることを念頭に置き，専門職としての知識，技術，態度・姿勢，思考力，判断力，協調性，責任感など，多くのことを養い，また身につけていかなければなりません。そのためには，目的意識をもって実習に臨み，「自己成長」に向けどう取り組んでいくか，またその日に自身が何を学びたいと考えているかを明確にすることが大切です。つまり，学び得たい・習得したい事柄を明示するものが日々の実習目標となります。

　設定する実習目標によって，実習を通じての学びや実習生自身の成長の度合いは大きく変わってきます。

　毎日記す実習目標については軽く考えず，実習開始前に立てた実習全体を通しての目標，さらには実習指導者をはじめ職員からの助言・コメント，自身の省察などを考慮し，具体的に記載するよう努めましょう。

第20講 実習日誌ってどんな点に注意して書けばいいの？

　実習日誌は個人的な日記帳ではありません。実習内容を振り返り，実習指導者や実習巡回担当教員の指導や実習評価の資料として活用される重要な書類といえます。そのため，自分だけが読んでわかる記録ではなく，誰が読んでも理解できるように記載する必要があります。また，記載する際には利用者の個人情報や人権などにも配慮しながら記すよう心掛けましょう。

1. 実習日誌を書くことの意義

　実習日誌を書く意義として，一番に挙げられるのはその日の実習内容を振り返り自己評価する機会が得られるということです。その日一日自分が何を観察したのか，何を実践したのか，また，それらを通して何を考え，何を感じたのかを，書くという作業を通して振り返ることができます。そして，自分は今何ができて何ができていないのかを整理でき，自己の課題を発見することにつながります。とはいえ，実習ではさまざまな場面を見学したり，また，多くの実践活動を体験するため，その中から何を選んでどのように書くのかとなると煩雑で難しく思うかもしれません。そのため，日々の実習は漠然と取り組むのではなく，目的・目標をもって取り組むことが大切です。

　次に挙げられるのは，実習日誌は実習指導者や実習巡回担当教員が目を通し，実習生のスーパービジョンの資料に活用されるという点です。実習指導者も実習巡回担当教員も一日中実習生の傍にいるわけではありません。実習生が実習中に何を行い，何を考えたのかを知るにはカンファレンスや実習日誌を通してということになります。そのため，実習日誌には実施した内容をできるだけ正確に書く必要があります。自分自身の言動や考えたことのみならず，関わった時の利用者の表情・しぐさ・言動などの反応や周囲の人達の状況，またそのときの環境や指導者から指導を受けた内容などを時系列で記すよう努めましょう。もちろん，これらの内容を実習日誌に書くためには，日々しっかり観察し適宜メモを取ることが大切です。

２．実習日誌を書くうえで意識しておくこと

　実習日誌を書くためにはまず，その日の実習目標や計画を事前に設定し，意識的に実習に取り組むことが重要です。そして，目標・計画に沿って観察したり実践した内容を具体的に実習日誌に記載しますが，その際に意識してほしいことは以下の通りです。

１）記載上の注意点

　実習日誌の内容が乏しく，また，文章量が少ない実習生に実習中にどのような出来事があったか尋ねると，あれこれたくさん語ってくれます。しかし，なぜそのことを記入しないのかと問うと，「そんなことまで書くのですか」などの返事が返ってきます。実習生が実習日誌に戸惑う理由はいろいろあります。まず「そんなことはいちいち書かなくてもわかるだろう」という思いがないでしょうか。確かに，行数稼ぎのように長々と記載するのも問題があります。専門用語を使用することで端的に表現できる場合は活用しましょう。しかし，実習指導者も実習巡回担当教員も全てを把握しているわけではありません。何があったかは具体的に説明をしてもらわないとわかりませんし，それに対する助言もできません。自分が見たり経験したりしたことを客観的かつ具体的に記載するようにしましょう。利用者と関わった場面では，自分が何を意識してどのように利用者に声を掛けたのか，また，そのときの状況や行動を，そして，その時の利用者の表情や反応，言葉などについても具体的に記載するとよいでしょう。さらに，実習指導者から受けた助言なども記すことも覚えておきましょう。

　また，実習日誌には施設批判は書かないというのがルールです。それは実習日誌の本来の目的にそぐわないためです。しかし，実習の初段階では職員の介助場面の観察が中心となるため，職員の行動ばかりに目が行ってしまい，介助方法や職員と利用者の関わり方に対して批判的に相手のできていないことを粗探ししたり，「こうあるべき」との思いにとらわれ批判的な見方をしてしまう場合が見受けられます。実習は施設や職員を評価するために行うわけではありません。批判的に物事を見るのは決して悪いこと

ではありませんし「気づく」というのは重要なことですが，職員の行動に疑問を感じた場合は直接質問してみましょう。本人に聞きにくいときは実習指導者に確認してみてはいかがでしょうか。なぜ職員がその方法で介助を行っているのか，あるいはそうした関わり方をしているのか当然理由があるはずです。それを聞かずに職員の言動を一方的に批評して記録に残すのは健全な学びとはいえません。実習日誌はあくまでも自分の行動を振り返り，自己の課題を見いだすためのものだということを忘れてはいけません。

2）5W1Hを意識して書く

　5W1Hとは，When（いつ）・Where（どこで）・Who（誰が）・What（何を）・Why（なぜ）・How（どのように）を指し，文章を記載する際などの構成要素といわれています。

　いつ（When）については時々「時間を見ていなかったのでわからない」との質問がありますが，その実践はいつの場面なのか詳しい時間がわからなくても，食事の前や後，午後の体操やおやつの時間など表現方法はいくらでもありますので記載するよう努めましょう。いつのタイミングで行われた行為なのかは，振り返ったときに情報として重要な場合があります。

　どこで（Where）においては，その介助や関わりをどこで行ったのかを記載します。例えばトイレ誘導の声掛けをした場所が利用者の居室なのかホールや食堂なのか，または廊下なのか，場所によって利用者の受け取り方も変化します。トイレ誘導を断られたのは，皆がいる食堂でトイレに誘われたのを不快に思ったからかもしれません。

　誰が（Who）とはそのとき自分が介助したり関わったりした利用者や職員，あるいはその場にいた周りの利用者のことです。記載する際は個人名を書かずイニシャルやAさん，Bさんなどの表記にするのが基本です。また，年齢の記し方についても実年齢を記入してよいかは確認しましょう。80歳代前半や後半など年齢層で記入する場合もあります。利用者のADL状況などの特徴についても必要があれば記載します。その際，「Aさんはわがままな人」「Aさんは神経質な人」など主観的な表現は避けましょう。相手のことを○○な人と判断するにはそれなりの根拠があるはずですが，職員がそう言って

いたからと思い込みで書いている場合が多く見られます。いったん決めつけると，先入観に縛られ視野が狭くなり，その後の判断を鈍らせることにつながりますので注意が必要です。

　何を（What）・なぜ（Why）・どのように（How）については，自分の取った行動や利用者の反応等を具体的に記載します。また，なぜそのような方法を取ったのか理由等も記しましょう。

3. 読みやすく，わかりやすい文章を心掛ける

　記録を書く意義で述べたように，実習日誌は実習指導者や実習巡回担当教員の指導の際の資料となることを考慮し，誰が読んでわかるものでなければなりません。実習日誌は重要な書類であるためボールペンで記入する必要があります。その場合，消せるボールペンは使用しないようにしましょう。

　また，誤字脱字がないようにあいまいな漢字は必ず辞書で確認する習慣を身に付けることも大切です。そして気になる事柄の一つとして文章を「〜し，〜し，〜し」や「〜が，〜が，〜が」とつなげて書いてあるのを見かけます。接続詞を正しく使い，主語・述語の関係を確認しながらわかりやすく端的に記載することを心掛けましょう。

4. 差別的な表現や略語などは使わない

　日常生活において，つい差別的な意味合いの言葉，表現を用いてしまう場合があります。福祉・介護を学ぶ学生は自分が使う言葉に敏感になってほしいと思います。特に最近気になるのは「認知（ニンチ）」という言い方です。認知症を略して「認知（ニンチ）」と呼び「あの人は認知だから……」と使っている人を時々見かけますが，"症"を省略する意味はどこにあるのでしょうか。「認知（ニンチ）」だけでは言葉の意味が全く違うので正しい情報が伝わらず，聞いていて差別的なニュアンスを感じ不快な気持ちになります。記録の場合は残りますから，相手を尊重した文章表現を用いることが大切です。

　また，自分達の周りだけで通用するような言葉や流行の略語も記録には用いません。時々，その実習施設でのみ用いられている表現と知らずに使っている場合があります。読み手に伝わらない表現や言葉では記録の意味が半減します。記録を書く上では教科書で使われている表現を用いることが何より重要です。

第21講 利用者とどうコミュニケーションを図ればいいの？

　多くの実習生が挙げる実習における不安ごとの一つに「利用者とのコミュニケーション」があります。実習開始前はもちろんのこと，いざ実習が開始された後も実習生から「利用者さんと何を話したらよいのかわからない」「利用者さんとの会話が続かない」などの話を耳にすることも少なくはありません。また，実習の様子を常日頃，観察している実習指導者をはじめとした職員からも，実習巡回時に「実習生の〇〇さんですが，利用者とのコミュニケーションが図れていないようです。こちらもサポートしますが，先生からもご指導をお願いします」といった声を掛けられることもあるというのが実状です。

　高齢者や目上の人とコミュニケーションを図ることが苦手な人，性格的に緊張しやすい人は数多くいます。しかしながら，介護実習を行ううえで利用者とのコミュニケーションは必要不可欠であり，苦手意識の克服に努めることは極めて大切です。

　なぜなら，コミュニケーションは相互理解のための重要なツールとなるからです。つまり，利用者に対する生活支援は，実習生と利用者の双方向の理解のもとで行われる行為なのです。

　また，共感を得るうえでもコミュニケーションスキルは欠かせません。そこでまずは，この"コミュニケーション"についての理解を深めることが大切です。

1．"コミュニケーション"の理解

1）利用者の生活の場におけるコミュニケーション

　積極的な実習生は，利用者との信頼関係の構築に向けすぐさまコミュニケーションを図ろうとします。もちろん，実習において積極的に利用者とコミュニケーションを図ることは大切なことです。しかし，まず認識しておかなければならないことは，実習生にとっての実習の場は，利用者にとっては「生活の場」であるということです。利用者の現況を考えず，また所構わず声を掛ければよいというものではありません。個々の利用者の生活のリズムを守りながら，失礼なくコミュニケーションを図るよう心掛けましょう。

　また，利用者の生活の場・生活空間に立ち入ることから，礼儀としての挨拶は

もとより，人との信頼関係を構築するうえで欠かせないとされる自己開示に努めることも大切なことといえるでしょう。

２）利用者の状況を把握したうえでのコミュニケーションの励行

コミュニケーションを図ることに対し苦手意識をもっている実習生の多くは，言語的コミュニケーションを中心に考えているものと思われます。

また，施設で生活を送っている人のなかには，さまざまな疾病・疾患などが起因して言語的コミュニケーションに難しさをかかえている利用者も少なくありません。

実習生は，「コミュニケーション＝言語的コミュニケーション」と捉えずに，言語的コミュニケーションおよび非言語的コミュニケーションを通じて相手の意思を理解し，情報発信することが大切です。

そして何より，利用者の特性（感覚障害・知的レベルなど）に応じ，コミュニケーションを図る際のスピード，声の大きさ，声の高さ，非言語的コミュニケーションの活用などに注意を払い関わることが実習生には求められます。

2．実習現場におけるコミュニケーション実践

コミュニケーションなくして利用者との信頼関係は築けません。それほど介護福祉士を目指す実習生にとってコミュニケーション能力を高めることは重要なことなのです。

その一方で，「利用者さんと何を話したらよいのかわからない」「利用者さんとの会話が続かない」という実習生の実状も認識しておかなければなりません。

では，どのような情報をもとに，どのように利用者とのコミュニケーションを展開していけばよいのでしょうか。

まず大切なことは，「利用者を知る」ということです。施設には必ず利用者ごとに，フェイスシートや利用者台帳など，利用者を知るうえで参考になる書類が用意されています。

そこには，氏名，家族構成，職歴，家庭環境，既往歴などが記されており，こうした情報を話の話題にすることもできるでしょう。

　たとえば，仕事を話題として考えた場合，仕事内容をはじめ，仕事で大変だったこと，さらには，話の内容から家族の話にまで発展することも考えられます。つまり，こうした書類上の情報をもとにコミュニケーションを図ることで，記載内容以上の新たな情報を得ることにもつながります。

　そのほかにも，利用者の趣味，生まれ育った地域，（居室にある利用者の物品などからの）これまでの思い出，さらには難しく考えずに，食べ物や天気などを話題にコミュニケーションを図ってみてもよいでしょう。

　また，実習生自らの話を交えることを心得ておくことも大切です。実習生自身の話を交え利用者の反応を確認することも，話題をみつけだす手段となります。フェイスシートなどで得た情報をもとに，興味がありそうな話題を考えてみることも必要といえます。そこで会話が弾めば同様の話題集めに努め，そうでなければ，別の視点から話題をみつけることを心掛けましょう。

　コミュニケーションは相互理解のための重要なツールです。利用者の状態・状況を十分に理解し，開かれた質問，閉じられた質問を有効に用いてコミュニケーションを図ることが大切です。

　実習生は介護実習を「自己成長の場・機会」と捉え，できるだけ多くの利用者と関わることで自身のコミュニケーション能力を高めるよう努めましょう。

第22講 「個人情報」についてはどのようなことに注意すればいいの？

　介護福祉士をはじめ対人援助職は，利用者やその家族の個人情報に接する機会が非常に多いのが実状です。そのため，彼らには「守秘義務」が課せられており，仕事を通じて知り得た情報を第三者に漏らしてはならないことになっています。

1．コミュニケーションを通じて得た個人情報

　この守秘義務は，実習生においても同様です。実習においては，利用者とコミュニケーションを図る機会は多く，そこから得られる個人情報は思いのほかあるでしょう。実習生は，自分からすれば何気ない会話であっても，その内容には多くの個人情報が含まれていることを忘れてはいけません。たとえば，「どちらに住んでおられたのですか」との質問に対して，町名や近所の良く知られた建物を挙げ返答してくれる利用者もいるかもしれません。このような場合には，その地域を知っている実習生であれば，利用者の自宅を特定できてしまいます。また，実習生が名前を名乗ると「○○さんとこのお孫さんかい」など自分の家族の知り合いだったりすることも往々にしてあるのです。実習が終わり帰宅してから「今日，実習で関わった○○さんという人，××に住んでいたんだって」や「今日，○○さんという人と話しをしたんだけど知ってる」と，つい家族に話し掛けたくなるものです。しかしながら，このようなうっかりした行為が守秘義務違反となってしまうのです。

2. 介護過程の展開において

　実習において課せられる「介護過程の展開」において個別支援計画を作成することになります。また、この計画を作成するうえで欠かせない事柄が「アセスメント」です。

　アセスメントとは、支援を必要とする利用者の情報（個人情報）を収集し分析することで、どのような支援が適切かを判断し計画に結び付けていく「事前評価」のことをいいます。

　ここでは、利用者の家族構成や生活歴、身体機能（含障害の有無）、心理状況、行動特性、価値観など多岐にわたる情報を得ることになります。このように、ここで得る情報はプライベートな情報・内容を取り扱うわけであり、十分な注意が必要です。故意か否かを問わず、知り得る立場にない他者に情報を伝えてしまった場合は、個人情報の漏えいとなり大きな問題になりかねません。ただし、実習巡回担当教員に利用者の話をすることは、情報漏えいにはなりません。実習生に対する適切な指導、助言のためにはある程度の情報を伝えてもらわなければならないのです。もちろん、実習巡回担当教員にも守秘義務が課せられています。

3. 実習時のメモ帳の取り扱いについて

　先に記したアセスメントの用紙ももちろんですが、実習中に携帯しているメモ帳の取り扱いにも十分な注意が必要です。

　実習生は、実習指導のなかで「常にメモ帳は持ち歩き、必要な情報や利用者の言動については書き留めておくように」と伝えられているかと思います。それは、「書き留めていなかったが故に忘れてしまった」ということにならないためです。適切な利用者支援を行うには、良質かつ正確な情報の収集や利用者の言動に注意を払うのは当然のことであり、実習生は実習中、常にメモを取らなければなりません。

　ただし、ポケットサイズのメモ帳については、紛失してしまうことも十分に考えられ、そうしたことのないよう注意する必要があります。また、落としてしまった時のことを考え、自身のメモ書きとはいえ、個人名等、いわゆる個人情報は記さないようにしましょう。

　なお、一点付け加えておきますが、個人名ではないから大丈夫というものでもありません。実名のイニシャルでも人物の特定につながってしまいます。また、出生地や居所も同様です。記載方法としては、アルファベット順に「Aさん」「B

さん」や「a県b市」「c市d町」のような表記が良いでしょう。

4. 守秘義務における例外

　実習も慣れてきた頃になると，利用者との関係も築け，「このこと（個人に関する情報）は内緒にしておいてね」と言われるようなことも出てくるかもしれません。そうした際はどう対応したらよいのでしょうか。些細な事柄で支援に関係ない内容であれば，実習生と利用者の間で秘密を共有しても構わないでしょう。しかし，秘密にすることで支援を妨げる場合もあります。たとえば，医師から「治療のために○○をしてはいけない」との指示が出されていたとして，利用者が指示通りの行動をしなかったとします。そのことを実習生が知ってしまい利用者から口止めされた場合に，秘密を守ることが利用者の利益になるかどうかを判断することになります。秘密を守ることで，もしかしたら命にかかわる重大な事柄に発展するかもしれません。つまり，対応に困った場合は，すぐに実習指導者や他の職員に報告・連絡・相談するようにしましょう。必ず，実習生が不利にならないように配慮し対応してくれるはずです。

　繰り返しになりますが，介護福祉士をはじめ対人援助職には「守秘義務」が課せられており，業務を通じ知り得た個人情報を漏らしてはならないことになっています。介護福祉士国家資格取得を目指す実習生においても当然のことであり，「個人情報保護（施設内での職員間での情報共有は除く）」については徹底しなければなりません。

　実習生は，個人情報についての認識を深め，そして，日本介護福祉士会の示す「倫理綱領」および「倫理基準（行動規範）」（巻末資料参照）を再確認することも必要です。

　また，第15講において，近年起こりがちな，「実習中の出来事等のSNSへのアップ」についても言及しています。あわせて確認しておきましょう。

第23講 利用者から○○されたのですが，どう対応したらいいの？

　長期間，実習を行っていると，利用者との関わりのなかでさまざまな場面，ケースに遭遇します。実際，介護施設の職員の動きは慌しく，実習生の多くは，何をしたらよいのか，どう対応したらよいのか，また，誰に報告，連絡したらよいのか判断がつかず右往左往してしまうというのが実状ではないでしょうか。ただし，そうはいうものの実習生の判断で行動するのは禁物です。実習生においては必ず職員の指示を仰ぐこと，また，報告・連絡・相談を励行することが基本となります。

　では，どのような場面，ケースが想定できるか考えてみましょう。

1．利用者から物を渡される（受け取るよう強要される）

　第13講でも触れていますが，まず利用者との関わりのなかで，利用者から物を渡される（受け取るよう強要される）ことがあります。

　もちろん，利用者からすれば善意としての行為ですが，養成校から「利用者から金品をもらうことのないように」と伝えられている実習生にしてみれば対応に戸惑うことでしょう。この場合，禁止されているなどの理由により受け取らないのが原則ですが，状況や本人の性格などを考慮し，相手を傷つけないよう一旦受け取り，職員に事情を説明するとともに物を預け指示をあおぐという判断，もしくは対応の仕方もあることを覚えておきましょう。

2．利用者から拒否された

　また，介助に当たろうとした際，利用者から拒否されたという話も時折耳にします。

　一生懸命利用者と関わろう，多くのことを学ぼうと思っている実習生にとっては，かなりのショックを受けることでしょう。しかしながら，実際，関係の築けていない実習生には心を開けない，介護・介助してもらうのに抵抗があると思う利用者が多々いることも事実です。実習生と違い職員は，これまでの関わりから利用者との"信頼関係"が構築されており介護・介助もスムーズにいくのは当た

り前です。実習生は，悲観しすぎず，また，拒否されたからといってその後その利用者を避けることだけはあってはなりません。信頼関係を築くには，積極的にコミュニケーションを図ることが基本となります。実習を通じさまざまな体験をし，対応の仕方や問題解決能力を高めることも実習の目的の一つであることを認識することが重要です。

3．利用者から連絡先を聞かれた

とりわけ障害者支援施設において，実習生が利用者から連絡先の開示を求められた（連絡先を聞かれた）という話を耳にします。

その際も，基本的には，連絡先を含む「個人情報」を伝達する必要はありません。いうまでもなく，実習生は，勉強が目的で実習をしている訳であり，また，実習を通じ私的な関係をもつことで後にトラブルが生じることもあり得ます。再三再四求められることのないよう実習指導者や実習巡回担当教員に報告，相談し，指示をあおぐことも必要です。おそらく，想定される事柄の一つとして，各養成校では，こうした場合「連絡先は教えないように」と伝えられていることでしょう。

実習生は，養成校から伝えられる実習における留意事項の把握に努めるとともに，実習指導者を含む職員と実習巡回担当教員に対する報告・連絡・相談は習慣づけておくとよいでしょう。状況によっては，実習巡回担当教員と実習指導者の間で対応方法を検討することも可能であり，これも「ほう・れん・そう」が重要となる一つの理由であります。

4．利用者から「明日も来るか」と聞かれた

実習終了が近づく頃には，利用者とも良好な関係が築けてきます。毎日実習生と接することを心待ちにしている利用者もおり，「明日も来るんだよね。これからもずっと来て下さいよ」などと実習生に声を掛けてくる利用者もいます。

こうしたケースにおいても，実習の日程を確認し安易な返事・返答は慎むことが大切です。介護施設では，日々，職員皆，業務に追われ，ゆっくりと職員と話をしたいと思いながらも話ができないという利用者も数多くいます。こうした状況からも利用者との関わりをもつことができる実習生の存在は大きく，彼らとの関わりや共に過ごす時間は，利用者の楽しみの一つにもなっているのです。

実習生の「来る」という何気ない返事を信じ，実際は来なかったということに

なれば，利用者を傷つけることになるばかりか，事の内容・状況によっては，その落ち込みからその後の利用者の生活意欲の低下につながることも考えられます。

　やはり，利用者に対しては，「ウソ」はつかず，また，安易な返事・発言は避け，納得してもらえる返答を心掛けるべきといえます。これも専門職としての介護福祉士に求められる対応であり，また，有するべきコミュニケーション能力です。

　ここでは4つのケースを紹介しましたが，実習生は利用者との関わりのなかでさまざまなケース・場面に遭遇します。その場その場での出来事ややり取りの全てが，将来，介護福祉士になるうえでの知識，技術，そして問題解決能力等として蓄積されていきます。実習生の皆さんには，実習を自己成長のためのよい機会と捉え，利用者と積極的に関わり多くのことを学んでほしいと思います。

第24講　職員から○○と言われてしまったのですがどうすればいいの？

　毎年，実習生から実習開始に伴う不安・心配事に対する相談，質問が数多く挙がります。これはもちろん，何の不思議もないことです。さらには，実習開始前のみならず，実習が始まればその中での職員との関係による悩みが現れてくることも考えられます。事実，実習巡回担当教員は，実習巡回時や学生からの電話連絡等で実習生からの「（職員に）○○と言われてしまった」「（職員が）陰で○○と言っているみたいだ」などの発言を幾度となく耳にしています。いうまでもなく，不安や心配を抱えながらではよい実習はできません。

　では，実際，職員からどのようなことを言われることがあるのか，想定される事柄をもとにその対応策について確認していきましょう。

1.「もっと積極的な姿勢で実習に臨んでもらえますか」と言われてしまったのですが…

　性格的なこともあるかもしれませんが，やはり実習生が受ける指摘としては「積極性に欠ける」というのはよくあることです。

　もちろん，そうした指摘を受けた実習生が皆，不真面目，あるいは指示待ち人間だというわけではありません。実習指導者も，実習生の誰もが慣れない環境で自分なりに努力し実習に臨んでいることは十分わかっているのです。しかしながら，指導する側からすれば，「後継者養成」の役割を担っていることから，教えるべきことはしっかりと教えなければという考えのもと，つい「もっと積極的な姿勢で実習に臨んでもらえますか」といったきつい言葉が出てしまうのです。

　そこで，実習生は泣き言を言ったり落ち込んでいるのではなく，自身の言動についての振り返りをしなければならないのです。必ず言われるだけの落ち度が実習生側にあるのだと思います。

　では，積極性をアピールするための言動としてどのようなことが考えられるでしょうか。いくつか例を挙げてみましょう。

- わからないことは進んで質問するようにする
- 頼まれたことが終わったらしっかりと報告・連絡をし，次の指示を仰ぐ
- とりわけ指示がなく，手が空いていれば積極的に利用者と関わるよう努める
  （その際，利用者からの要望があったり，また異変を感じたらすぐに職員に連絡する）
- 実習が進むにつれ，実践してみたい事柄等があれば積極的に実習指導者に相談する

　実習生の皆さんは，日々の実習の中でこうした行動をとっているでしょうか。どうか上記事項を頭に置き，積極的な姿勢で実習に臨みましょう。

2. 周りの職員が「実習に来なければいいのに」と言っているようなのですが…

　先にも述べた通り，まずは自身の言動を振り返ってみましょう。例えば，実習に臨む態度・姿勢，言葉遣い，身だしなみ等確認すべき点は数多くあります。職員は皆，「社会人」であり，社会人としてのマナーをわきまえ，その上で実習生と接しているのです。

　そして，職員の多くは，直接実習生の担当につかなくとも日々の実習生の様子は見ており，また，その日の実習担当職員から，実習生に関するさまざまな情報を得ています。良かれ悪しかれ，その時職員にもたれた印象が実習生へ跳ね返ってくるということです。仮にそれが悪い印象ともなれば，実習生は劣勢に立たされることになってしまいます。身だしなみ一つとっても，茶色い髪や派手な服装はマイナスイメージであることは間違いありません。職員からしてみれば，"マナー違反"であり，結果的に「どういうつもりで実習に来ているんだ」「実習に来なければいいのに」ということになるのです。

　実習生は，「実習生としてのマナー」を守り，また，自身の言動には十分注意し実習に臨むことが大切です。

3. 実習巡回担当教員への連絡の徹底

　実習は実習生にとって意義あるものにしなくてはなりません。そのためには，職員とも良好な関係を築く必要があります。仮に「職員から○○と言われた」ということであれば，まず，実習巡回担当教員に連絡，相談するよう心掛けましょう。もちろん，実習指導者に相談しても構いませんが，実習生としては実習巡回担当教員の方が相談しやすいのではないでしょうか。実習巡回担当教員は，必要

に応じ実習指導者と連絡を取り対応策・解決策を示してくれます。これも実習施設と養成校，実習指導者と実習巡回担当教員の関係が築けているからなのです。
　実習生は，困ったことや悩み事があれば必ず実習巡回担当教員に連絡を入れるよう心掛けましょう。

　実習施設を含め社会人が働く職場（施設・会社等）にはさまざまな人がいます。自分と気の合う人もいれば，自分と気が合わない人もいるのです。現場での仕事というのは，マナーを守り，かつ，こうしたさまざまな性格の人達とも関係を築き業務を遂行していかなければなりません。介護に関する知識や技術，そして利用者対応方法の習得はもちろんですが，多くの職員といかに良好な関係を築き，有能な専門職者になるかということが大切なことであり，ある意味，これも「訓練」と捉え，実習に臨む必要があります。言われたことはまずは受け止め，自身の言動を振り返り，反省すべき点があれば改めるよう努め，解決策が見出せなければ実習巡回担当教員等に指示を仰ぐなど，冷静な判断・対応が実習生には求められます。まずは，積極性を念頭におき実習に臨みましょう。

第25講　カンファレンスに参加させて いただくことはできるの？

　介護施設をはじめとした福祉の現場では，さまざまな職種が利用者支援に携わっています。このことを「多職種連携」や「他職種連携」と表現します。つまり，支援を要する人たちに対して「チーム」で支援を行っており，「チームケア」ともいいます。

　いうまでもなく，チームで情報を共有するためには会議が必要となります。医療現場では，患者の症例検討をする会議のことを「カンファレンス」と言っています。なお，介護現場でも昨今では会議のことをカンファレンスと呼ぶ傾向にあります。カンファレンスは，定期的に開催する場合や利用者の様子，生活環境に変化が生じた際に開催されているのが実状です。

カンファレンス

　そこで，本講では，表題でもある「実習生がカンファレンスに参加することが可能か否か」について触れたうえで「カンファレンスの意義」「参加する際の留意点」についても言及し概説していきます。

1. カンファレンスへの参加は可能

　厚生労働省 社会保障審議会福祉部会福祉人材確保専門委員会では，介護福祉士養成課程における教育内容の見直しを行い，そこでは介護実習において「多職種協働の実践」として「多職種との協働の中で，介護職種としての役割を理解するとともに，サービス担当者会議やケースカンファレンス等を通じて，多職種連携やチームケアを体験的に学ぶ内容」とすることを介護実習教育に含むべき事項として示しています。

　このように，実習生のカンファレンスへの参加が実習施設には求められています。実習生にとっても大変意義あることです。実習生は目的意識をもって参加するようにしましょう。

(参考資料：厚生労働省社会保障審議会福祉部会福祉人材確保専門委員会 平成30年2月15日「介護福祉士養成課程における教育内容の見直しについて」)

２．カンファレンスの意義

　カンファレンスの意義は，利用者支援について多職種が一緒に考えられることです。つまり，互いにそれぞれの専門性を尊重しながら，どのような支援が最適なのかを十分に話し合うことが可能となるのです。それぞれの職種だけで検討すると考えが硬直してしまうことがありますが，職種を超えて話し合うことで利用者が抱える課題を多面的に捉えることができるようになるのです。

３．実習生がカンファレンスに参加する際の留意点

　カンファレンスは，チームケアを実践するうえで欠かすことのできない重要な事柄の一つです。当然，その場ではさまざまな情報が共有されます。
　そこで，実習生がその場に参加する際は次の事柄に留意しなければなりません。

---

1) 事前にどのようなカンファレンスであるのか実習指導者に伺っておきましょう。
2) 出席されるメンバーの専門性を調べておきましょう。
3) 利用者の普段の様子を把握し，家族構成など必要な情報を頭に入れて参加しましょう。
4) 実習生はカンファレンスを見学することが目的となります。自分の考えを発表する場ではありませんので発言は慎みましょう。
5) 実習プログラムでカンファレンスへの参加が予定されていない場合は，実習巡回担当教員等に相談し，1回は参加させていただく機会を得るよう努めましょう。

　なお，「4)」については，稀にカンファレンス参加者から意見を求められることもあります。その時は，考えていることを率直に述べるようにしましょう。
　また，「5)」に関しては，実習中にカンファレンスが開催されない，あるいは，開催されたとしても何らかの理由により実習生が参加することが困難という場合があります。そのような場合には，実習指導者等からカンファレンスの様子を伺うなどして情報を補うようにしましょう。

　上記の「カンファレンスへの参加の可否」「カンファレンスの意義」「参加する際の留意点」からカンファレンスの重要性が認識できたでしょうか。

第3章　実習中の取り組み・留意事項

カンファレンスは，チームとしての支援の妥当性を検証する場です。つまり，支援目標に沿って一つひとつの支援がつながっているかどうか，また，全体として一貫性のあるものになっているかどうかを検証するのです。そして，支援が利用者に対してどのような効果をもたらしているのかを検証するモニタリングの場でもあります。利用者の状態・状況は時間の経過とともに変化することから，チームでその変化を共有しているのです。

　実習生の皆さんも数年後には介護福祉士として仕事に従事することになります。そのためにも，実習段階において「カンファレンス」とはどのような場で，そこではどのようなことが話し合われているのかを確認しておくことは大変意義あることといえます。カンファレンスに対し関心をもち実習に臨みましょう。

第26講　実習巡回って何をするの？

　実習巡回は，実習巡回担当教員が週に一回以上実習施設に赴くと定められており，主に実習生と個人，あるいはグループでの面談を行いながら実習の進捗状況の確認が行われます。そして，実習記録などの指導，実習生が行うカンファレンス（中間・最終等）への参加，その他実習に関する相談の機会と位置づけ，実習指導者とも連携を図り実施されます。また，実習生が実際に利用者と関わっている場面を見学したり，実習巡回担当教員も一緒に利用者と関わり，話を伺ったりすることもあります。

1．実習巡回に関する留意点

　巡回の日程については，実習巡回担当教員は巡回施設を複数担当しており，また，授業や会議等の関係上，同一の曜日・時間を設定する場合が多いかと思いますが，念のため事前に確認しておくようにしましょう。また，決めず不定期に来られる場合もあります。

　前述の通り巡回は週に一回以上となっており，仮に予定まで待てない困ったことやトラブルが発生した際は，早急に実習巡回指導教員に連絡を入れ，指示を仰ぐことが大切です。そのためにも実習巡回担当教員と連絡が取れるよう連絡先や連絡方法を確認しておくことが必要です。ただし，緊急な訪問日程がどうしても取れず，電話で状況を確認する場合もあります。実習生は，報告・連絡・相談の徹底に努めてください。

2．進捗状況の確認

1）面談

　実習生一人ひとりが実習目標・計画に向かい順調に取り組んでいるかを実習生との面談や実習日誌の内容から確認します。グループで指導を受ける場合もあれば，一人ひとり個別に面談するケースもあります。

　グループ面談においては同じような悩みを抱えている場合もあり，他人事と思わず真摯な態度で話を聞きましょう。そして意見を求められたら積極的に答えま

しょう。

　また，巡回に行くとグループメンバー同士の仲が悪くチームワークが取れていないと感じることがあります。「実習は個々で行うため，仲良くしなくても問題ない」という実習生もいますが，影響がないように見えて実はマイナスの効果しか生まないことを認識してほしいものです。

　例えば，チームワークが取れていないが故に実習指導者からの情報がメンバー全員に正確に伝わらず，それにより雰囲気が悪く互いにギスギスした感じが漂ったり，単独行動が多く空回りしている様子が伺えたりします。そうした実習生の雰囲気は接している実習指導者や職員はもちろんのこと利用者にまでも伝わります。介護はチームワークや連携が求められる仕事であり，協調性のない実習生というように取られてしまいます。さらに，学習内容も独りよがりの浅いものになりがちです。せっかく同じ施設に実習に来たメンバーですので，リーダーを中心にチームワークよく情報交換したり，悩みを相談したりして切磋琢磨して実習に臨むことが大切です。それでも互いに上手くいかないときには実習巡回担当教員を交えて話し合いの機会をもちましょう。

　個別面談においては実習巡回担当教員以外誰も聞いていませんから，他では言えない悩みも相談しやすいという利点があります。実習に関する悩みはさまざまです。施設や職員に関することや，実習指導の方法に関することなど実習生からの話を聞いた上で必要があれば実習生の意見を実習指導者に伝え，今後の対応を検討することも可能です。ただし，実習生から聞いた話とは違う意見を実習指導者から聞くことも多く，互いの意見がかみ合っていない場合には，実習生と実習指導者を交えての話し合いの場をもっていただくこともあります。

　また，現場の厳しい指導に耐えられず落ち込んでいる実習生の相談にも乗ってもらえます。その状況を振り返り，同じことを繰り返さないためにはどうしたらよいかを話し合い，解決の方法を探ります。実習に失敗はつきものですので，隠さずに実習巡回担当教員に相談して心の中に溜めておかないようにしましょう。その他，利用者に対して事故を起こしたり，施設や利用者の物品を破損させてしまったことの報告，実習日誌の未提出や遅刻など実習のルールが守れなかったことの報告は速やかにするよう心掛けましょう。実習巡回で訪問した際に，実習指導者から報告を受け，事の状況を実習巡回担当教員が知らなかったのでは対応に困ります。そうした意味でも報告・連絡・相談が重要になるのです。

　そして，近頃「自分は介護に向いていない」「実習をやめたい」などの相談を受けるケースも耳にします。実習で利用者や職員と関わるなかで自信を失い，自分は介護の仕事に向かないのではないかと悩んだり，または，自分がイメージして

いた介護現場とは違ったり，さらには実習がつらい，実習日誌が書けないなどで実習をやめたいと伝えてくる実習生も少なくありません。このような相談に対しても実習巡回担当教員が親身になって対応してくれます。実習を乗り切るためにも実習巡回における面談の機会を有効なものにしましょう。

2）実習巡回時における記録物の確認及び指導

　各養成校とも事前に実習日誌の書き方の指導を行いますが，実際に実習で適切な記録を書けているか，書き方についての悩みは無いかが再確認され指導が行われます。特に実習最初の頃は書き方についての戸惑いが多く，そこに重点が置かれます。実習も中盤になると指導者からのコメントが記され戻ってきた日誌が確認され，実習指導者のコメントから読み取れる実習生の実習姿勢や学びの状況について指導・対応を図られ，今後の取り組みや記録に活かす方策が検討されます。

　さらに，その他の記録物についても確認されることになります。実習の段階によってさまざまな課題が設定されています。たとえば養成校によっては生活支援技術のチェックリストを用意し毎日記入することを義務付けてはいるものの，書いていない例も見受けられます。このように進捗状況を把握するための重要な記録物があったり，また，介護過程を展開する上での多くの記録物が用意されます。こうした記録物をもって知識・技術の習得度の確認を行うほか，情報収集のシートやアセスメントが書けているかなどの指導も行われます。

3）実際の様子の観察

　実習巡回担当教員は，実際に実習生が利用者と関わっている場面を見学し実習の様子を確認することもあります。実習生の表情が硬かったり，動けていないなと感じた場合は，その場で実習生に声を掛け利用者との間に入ったり，教員自ら利用者への声の掛け方の見本を示されることもあるでしょう。それをきっかけに利用者との関わりの糸口をつかむことも大切です。また，実習指導者に普段の実習生の様子（実習態度・取り組み姿勢等）も尋ねます。よい話が聞ければよいのですが，思わしくない報告があった場合には，実習巡回時に指導されることになります。

3. カンファレンス（中間・最終等）

実習期間の長さにもよりますが，実習の中ごろに中間カンファレンスを，最終日近くに最終カンファレンスを実習生主体で開催します。また，ショートカンファレンスを毎日の実習の終わりごろに実習指導者と実習生とで実施している施設もあります。こうしたカンファレンスに実習巡回担当教員も出席することがあります。また中間や最終カンファレンスでは準備のための資料作りが必要となり，その指導も実習巡回の際に行われることもあります。

なお，カンファレンスについては，以下のものが実施されます。

1）ショートカンファレンス

ショートカンファレンスはその日その日の実習の振り返りを毎日あるいは不定期で行うなど実施状況は施設により異なります。どのような話し合いがもたれたのかなど実習巡回の際に実習生に尋ね報告を求められることがあります。カンファレンスの記録用紙があればそれを見て確認されます。

2）中間カンファレンス

実習の中間地点で個人目標の進捗状況を報告したり，カンファレンステーマを設定したりして実習生同士話し合います。また，介護過程を行う実習では，実習生の受け持ち利用者についての情報収集の状況やアセスメントの内容，介護計画等の検討が行われます。そして後半の実習に向けての自己の課題を明確にしていきます。

運営は実習生主体で行うため，司会・書記・タイムキーパーなど実習生同士で役割分担します。実習指導者や実習巡回担当教員はあくまでオブザーバーです。

3）最終カンファレンス

実習の最終日近くで，個人目標を振り返り達成できたかどうか，今後の課題は何かなどについて報告します。カンファレンステーマを設定した場合はそれについて実習生同士で話し合います。

また，介護過程を行う実習では，それぞれの受け持ち利用者の生活課題に対する介護計画・実施・評価等といった一連の概要説明をします。また，今回の実習での課題は次の実習に向けての学習課題となります。運営は中間カンファレンスと同じように実習生主体で行います。

第27講　帰校日指導って何をするの？

　実習がスタートすると，実習巡回担当教員は，およそ週に一回の頻度で実習施設を訪問し実習生の状況確認，実習における指導を行います。これが実習巡回指導です。ここでは，実習指導者から実習生の状況を確認するとともに，実習生に対する個別あるいは集団（2～3名）指導を実施します。指導については，目標・課題に対する取り組みの進捗状況や悩み・困っていることの有無を確かめ進め方や対応策など助言・アドバイスすることを意味します。実習生からすると，実習指導者と違い日頃養成校で接している教員ということもあり相談もしやすく，実習巡回担当教員に対し本音で話ができるといった利点があるようです。こうした点からも，実習における実習巡回指導は大変意義あるものと判断できますが，それとは別に実習期間中「帰校日指導」も実施されます。養成校によっては，「帰学日指導」と呼ぶこともありますが，読んで字のごとく学校，すなわち養成校での指導を意味します。

　そこで，本講では帰校日指導とは何なのかについてみていくことにします。

1. 帰校日指導の意義・

目的

　帰校日指導については，実習中のどの時期に指導日が設けられているかによって若干指導内容も異なってきますが，一般的には，実習状況・記録物・実習目標や介護過程（個別支援計画）に対する進捗状況の確認，実習生からの相談や個別

課題などに対する対応が主な目的となります。

　実習は，誰もが順調かつ計画的に進むというものではなく，実習生の多くは，悪戦苦闘しながら実習に臨んでいます。そうしたなか，実習生は実習巡回担当教員の巡回日を心待ちにし，そこで課題解決を図ろうとしています。しかしながら，実習巡回指導の時間は限られており，疑問や課題を解決することなく巡回指導が終了してしまうといったことも起こり得ます。ましてや，実習施設に2～3人の実習生が配属されているともなれば，なおさらのことでしょう。

　それに対し，養成校に戻っての帰校日指導となれば，相談や個別課題に対する時間の確保にも余裕があります。つまり，帰校日指導の時間内で問題が解決しなくとも，終了後，実習巡回担当教員に個別に時間を作ってもらうこともできるのです。

　また，帰校日指導は，実習生にしてみると他の実習施設で実習を行っている学生と久しぶりに顔を合わせることになり，意見交換・情報交換を図ることができるといった利点もあるのです。そして，他の施設で実習を行っている実習生はどのような経験をしているのか，技術面においてどこまでさせてもらえているのかなどを耳にすることで，刺激を受け，自身の向上心を高めることにもつながります。

　帰校日指導も巡回指導同様，実習生にとって実習が意義あるものとなるようサポートするために行われます。実習生は，帰校日指導の意義・目的をしっかり理解したうえで，帰校日指導に臨むことが大切です。

2. 帰校日指導の形態および具体的な内容

　帰校日指導の方法，内容については当然のことながら各養成校によって異なります。一例を挙げると，実習生の集合とともにまずは，全体指導という形で実習担当教員からの諸連絡・諸注意等がなされ，その後，チェックシートや実習状況報告等，養成校で用意した記録用紙の作成に取り掛かるケースもあります。さらには，実習巡回担当教員ごとに自身が担当する実習生を集め，記録用紙の確認およびグループ指導・個別指導が実施されます。

　たとえば，実習担当教員からの諸連絡・諸注意について，実際に実習巡回に回って実習指導者から伝えられた事柄や今後の取り組み方などを共有することは，実習生にとっても意義あることです。「人の振り見て我が振り直せ」ということわざがあるように，（自身の実習巡回担当教員ではなくとも，他の実習施設を回っている教員の話は）自身の言動を見直し，欠点を改めるよう心掛けるきっかけとな

ります。

　また，実習巡回担当教員ごとのグループ指導・個別指導においては，今後の実習の取り組みや臨み方などについて具体的な助言・アドバイスが受けられます。個人的な相談であれば，帰校日指導のあと個別に時間を作って対応してもらうこととして，ここでのグループ指導も実習生にとっては重要な意味をもつものとなります。具体的にいうと，たとえば，「介護過程の展開（個別支援計画）」を考えてみて下さい。当然この場では，進捗状況が報告されるわけですが，仮に個別支援計画の計画策定段階で戸惑っていたり，実施したものの良い結果が現れずその後の対応で困っている場合，それらに対する教員の助言・アドバイスが，聞いていた実習生にとっての良きヒントになることも少なくありません。これがグループ指導の利点といえます。

　そのほか，記録物の確認も行われます。記録の指導についても「人の振り見て我が振り直せ」ということになります。

　実習生は，何のために帰校日指導があるのか改めて考えることが大切です。

　このように，帰校日指導は内容が濃く，実習生にとって極めて重要な場であり機会となります。久しぶりに友人と会う楽しみもあるかも知れませんが，"実習期間中"という認識をもって指導に臨みましょう。いかに帰校日指導を有効なものにするかによって，その後の実習が変わってくるといっても過言ではありません。友人からの情報，実習担当教員からの助言・アドバイスをもとに，改めて自己省察するとともに自身の問題・課題解決に努めましょう。

なるほど‥‥

第28講 実習中，確認・相談したいことは誰に話をもち掛ければいいの？

　普段通学している養成校（学校）に通うのとは違い，実習のため毎日施設に赴くことは，実習生にとって大変なことであるのは間違いありません。慣れない環境に身をおき，そして利用者，職員とのかかわりを通じて多くのことを学び，幾種類もの記録物を書き上げていくわけですから当然のことです。また，実習生にとっては，実習を通じて目にするものや耳にすることの大半が初めて見聞きすることというケースも少なくありません。

　こうした実状を考えると，実習生が現場実習において，さまざまな事柄に対し疑問を感じ，悩み，いち早く助言を得たいという気持ちをもつことが想像できます。しかしながら，誰にどのタイミングで声をかけたらよいのかわからないというのが，おそらく多くの実習生の本音なのではないでしょうか。

　そこでここからは，実習生が無事に実習を乗り切るために携わる指導者などについて確認していきましょう。

1．実習生に対する指導者

1）実習指導者

　介護実習を行うにあたり，施設には実習担当窓口となる実習指導者がいます。実習指導者は，実習開始前から養成校の実習担当教員と書類等のやり取りをし，また現場の介護職員などとの連絡調整などを行い，実習生が円滑に実習を開始・

終了できるよう体制を整えてくれています。

　そして実習が始まると，実習指導者は自ら実習生とかかわり，その都度助言・アドバイスをするとともに，また実習生の指導・教育を担う担当の介護職員などから日々状況確認を行うなど，常に実習生の状況把握に努めてくれています。

　実習生は，実習でのさまざまな体験を通じ多くのことを学びます。またそのなかで，疑問に思うことなども多々出てくることでしょう。そのほかにも，利用者とのかかわり，記録，そして実習中に行う介護過程の展開などあらゆる場面で実習指導者に確認・相談したいこと，支援を仰ぐことも必ず出てきます。常日頃顔を合わせているわけではなくとも，実習指導者は実習に関しての窓口，相談役となりますので，声をかけるタイミングには十分注意し，積極的に確認・相談するよう努めましょう。

2）介護職員

　実習生にとって，最も身近な存在となるのが，日々直接指導・教育に当たってくれる介護職員です。実習生は，毎日，その日担当の介護職員と行動を共にし，多くの学ぶことになります。場合によっては，その日の担当者が実習生と年齢が比較的近い介護職員ということもあれば，また同じ養成校（学校）の卒業生ということもあるでしょう。つまり，実習生にとって声をかけやすく，相談などをしやすいであろう人が担当者ということもあるのです。

　仮に，実習生と年の差があるベテランの介護職員であっても積極的に相談するよう努めましょう。これまでの実習生の指導・対応経験から必ず状況に応じた適切な指導・助言をしてくれるはずです。

　誰も相談をもち掛けられて嫌な気をもつ人はいません。むしろ，相談されれば「自分は頼りにされている」「自分であれば対処してくれるであろうと思ってくれている」と考えるのではないでしょうか。

　実習生が疑問に思うこと，相談したいことを多々抱えているのは当然のことです。こうした事柄をそのままにせず，まずは自身が声をかけやすい介護職員に相談にのってもらい，問題を解決していくことも実習を通じての学びを深めるためには極めて大切なことです。

3）実習巡回担当教員

　いかなる場合においても実習生が最も話しやすく，また相談しやすいのは，やはり養成校（学校）の実習巡回担当教員ではないでしょうか。

　実習巡回時はもちろんのこと，巡回時以外であっても実習巡回担当教員に電話

やメール，その他の方法で諸事項を確認，相談することは可能です。事実，その日の実習が終わった後に養成校（学校）に寄り，記録物などの指導，アドバイスを受けたという話もたびたび耳にします。

　実習生は，実習期間中に介護過程を展開します。介護過程については，おそらく多くの実習生が戸惑い，実習巡回担当教員から助言を得たいと思う取り組み事項の一つでしょう。また，実習を進めていくなかで，利用者や職員との人間関係，記録物，あるいは職員からの教育・指導過程における注意・指摘などによって悩み，落ち込んでしまうこともあるかもしれません。こうしたときに，普段顔を合わせている養成校（学校）の教員である実習巡回担当教員は実習生にとって心強い存在であるといえます。

　当然のことながら，確認・相談したい事柄は自ら積極的に実習指導者や介護職員に話をもち掛けることは必要かつ大切なことであり，ぜひとも励行してほしい事項の一つです。しかしながら，内容によっては，実習指導者や介護職員には直接伝えづらいということもあるでしょう。そうした際に，実習巡回担当教員に確認・相談してみるのもよいでしょう。実習巡回担当教員は，事あるごとに実習指導者との連絡調整を図っており，実習生の問題解決に向けた方策を見出してくれることでしょう。実習生は，実習巡回担当教員の連絡先をあらかじめ確認しておき，いつでも連絡が取れるようにしておくことが大切です。

2．確認・相談する際の留意事項

　実習生は，確認・相談する相手が誰（実習指導者，介護職員，実習巡回担当教員）であろうと，忙しいなか時間を割いて対応してくれることを忘れてはいけません。

　相手に対する配慮ということも気にかけ，あらかじめ，確認・相談する内容を整理し，効率的に話しを展開することが大切です。

　また，「いつでも」「どこでも」というわけにもいきません。相手の動きや様子

を見ながら声をかけ，都合のいい時間を確認するようにしましょう。

　そのほか，相手（実習指導者，介護職員，実習巡回担当教員）の話はメモを取りながら聞くということも心得ておくべきです。実習生から相談をもち掛け，それに対する返答・解答，助言・アドバイスをしてくれるわけですから，メモを取らずに話を聞くということほど失礼なことはありません。

　こうしたことは，実習生が心得ておくべき必要最低限のマナーといえるでしょう。

　いうまでもなく，慣れない環境で慣れない活動を行うことは多くの負担を伴います。さまざまな悩みごと・心配ごとを抱え悪戦苦闘し実習に臨むというのは，実習生の誰もが経験することです。

　こうした状況下において自身の問題解決に努め，実践・対処していかなければならない学びの場が介護実習なのです。

　長期間にわたる実習を意義あるものにするためには，実習指導者をはじめ介護職員，さらには実習巡回担当教員と情報共有を図り，実習生自身も指導者に対しての報告・連絡・相談（第13講参照），そして確認を徹底することが何より重要です。

　こうしたことを励行することで，実習生自身の悩みや不安も解消し，また問題解決にもつながります。

　実習生が多くの学びを得るためには，前向きな姿勢で実習に臨み，積極的に実習指導者や介護職員，実習巡回担当教員とコミュニケーションを図るよう心がけることが大切です。そして，不明な点は確認し，また悩みごと・心配ごとがあれば相談をすることが，実習を乗り切る秘訣であることを覚えておきましょう。

第29講　介護技術が身についてなく心配ですが大丈夫？

　実習が近づくにつれて，自身の介護技術が未熟であるが故に実習に対する不安が増すというのは，誰にとっても起こり得ることです。養成校に入学すると早速４月から介護技術の授業において技術面についてを学ぶことになりますが，介護技術は，手順を覚え留意事項を把握し，かつ「安心・安全・安楽」を考慮し実践すべき事柄であり，すぐに身につくものではありません。また，養成校によっては，入学して２～３ヶ月後には早くも実習に出るというケースもあり，技術が身についてなくとも仕方のないことです。

　さらに，養成校において介護技術の基本事項を学びますが，いざ実習に行くと，施設によって対応方法や実技のやり方が違うということも多々あることです。実際の介護現場での実習を通じ，その施設での対応の仕方を学ぶことも実習を行うことの意義の一つであり，また，入学後間もないということであれば十分に介護技術が身についていないといった状況であっても心配する必要はありません。ただし，授業で学んだ内容については，しっかりと復習・練習しておくことは実習生の義務と心得ておく必要があります。仮に実習現場にて介護職員から「○○介助はできますか？（または，やってみますか？）」と声を掛けてもらった場合も，「まだ，学校でも習っていませんので，お教えいただけるとありがたいです」など前向きな返答をするとよいでしょう。

　実習生は，技術的なことを気にするよりむしろ，積極的な姿勢で実習に臨むことを考慮した言動を心掛けることが大切です。

　ここで２点覚えておいてほしい事柄について，改めて確認しておきます。

１．安心・安全・安楽を考慮した介護実践

　介護技術の習得度にかかわらず，利用者に対する「安心・安全・安楽」については常に頭に置かなければなりません。また，利用者にとって安心・安全・安楽であることは，援助者にとっての安全性等にもつながります。無理な体勢や力まかせの介護では，利用者に対する負担も大きく，また，援助者の健康を損なうことにもなりかねません。利用者はもとより，自身の安全を意識し，あわせて利用者本人の意向や生活習慣等にも配慮した介護・介助を励行することが介護福祉士

（または介護福祉士を目指す者）にとって肝要なことといえましょう。

　では「安心・安全・安楽」を念頭に置いた介護実践として，どのようなことをおさえておけばよいのでしょうか。

　介護技術の授業を通じよく耳にする言葉として「ボディメカニクス」が挙げられます。これは，人間の運動機能である骨・関節・筋肉等の相互関係の総称，あるいは身体力学的相互関係を活用した技術を意味します。ボディメカニクスを活用することで利用者，介護者ともに負担なく，また利用者に対して「安心・安全・安楽」な介護を提供することにもなります。介護における基本事項としてしっかりと覚えておきましょう。

ボディメカニクスに関する留意点

①	支持基底面積を広くとる
②	重心を低くする
③	重心を近づける（利用者に近づく）
④	利用者の身体を小さくまとめる
⑤	大きな筋群を活用する
⑥	膝の屈伸を利用し水平に動かす
⑦	足先を移動方向に向ける
⑧	てこの原理を利用する

２．積極的な言動を心掛ける

　まず，介護実習は誰のためにあるのか，何のためにするのかを考えてみて下さい。

　いうまでもなく，実習は介護福祉士を目指す学生のために設けられており，専門職者になるにあたり必要な知識・技術，さらには利用者対応方法等を身に付ける

ためにカリキュラムの一つとして位置付けられています。実習生の中には、「資格を取得するうえで必要だから」との認識の人もいるかもしれませんが、実習施設にすれば「後継者養成」という観点のもと、貴重な時間を割いて実習生の対応・指導に当たってくれているのです。また、利用者も実習生のためにそこに居るわけではなく、施設は利用者にとっての"生活の場"であることも忘れてはいけません。つまり、実習生は自分のために施設職員、利用者が協力してくれているという感謝の気持ちをもって、積極的かつ真摯な態度で実習に臨まなければならないのです。

　特に介護技術に関しては、普段、養成校にて学生同士で介護技術を実践・確認していることと違い、実習施設では実際に利用者と向き合い介護を提供することになります。いうまでもなく、体格、精神・身体面、患っている疾病・疾患も利用者によって大きく異なり、実習生は、こうしたことも考慮しつつ介護技術を駆使し支援に当たります。そうした中で、「なぜ、学校で教わったことと違うのだろう」「なぜ、このような介助をするのだろう」など多くの疑問を抱くこともあるでしょう。しかし、こうしたことこそが「気づき」であり、現場でこそ得られる貴重な経験となります。わからないことはそのままにせず、積極的に職員に質問、確認することも大切です。

　また、一日、介護担当職員と行動を共にしていると、「○○介助やってみますか」との声を掛けられることもあります。実習生によっては、自信がなく不安に思うが故に、「見ていますので結構です」と返事をし、後々、積極性に欠けるとの指摘を受ける人もいます。こうした場合も前述の通り「まだ、学校でも習っていませんので、お教えいただけるとありがたいです」「是非、携わらせていただけたらと思います」など積極的な姿勢を示す必要があります。実際に携わらせてもらうこと、あるいは教えてもらうことは、方法やコツを身に付ける絶好の機会となります。

　このように、実習生自身の実習に対する姿勢、あるいはモチベーションによって、実習意義の度合いも大きく変わってきます。自身の成長のためと捉え、前向きな姿勢で実習に臨みましょう。

第30講　介護実習で夜勤はあるの？注意すべきことは？

　介護実習中の「夜勤」については，介護職の総合的な理解という観点から，各養成校の実習計画等に基づき，多くの養成校で組み込んでいることと思われます。回数としてはわずか1回というケースもありますが，たとえ1回であっても実習生にとっては貴重な経験となることは間違いありません。

　ただし，夜勤帯は，日勤帯と職員の数が大きく異なります。人数が少ないことに加え，看護師が常駐していないことも少なくありません。実習生は，こうした点も考慮し常に緊張感をもって夜勤業務に臨むことが大切です。また，その日の夜勤担当職員に対する報告や連絡はもとより，職員とのコミュニケーションも怠らないようにしましょう。

　そこで本講では，夜勤実習における注意点・留意点について概説していきます。

夜勤実習における注意点・留意点

①夜勤については夕方から翌朝までが実習時間となります。具体的には，16時〜翌朝9時位というところが多いのではないでしょうか。もちろん，休憩・仮眠時間は設けられますが，とにかく長時間に及ぶ業務となります。当日の夜勤入りまでは，十分に休息を取り夜勤に備えましょう。

②夜勤実習中は，原則として外出はできません。翌朝の朝食も忘れずに用意しておきましょう。また，実習時間中，休憩室にて休憩・仮眠をとることになります。仮眠をとった際，寝過ごして夜勤担当職員に起こしてもらったということのないように目覚まし時計や携帯電話等のアラームのセットも忘れないようにしましょう。常に緊張感をもって実習に臨みましょう。

③夜勤実習中，まれに夜勤担当職員から「休憩時間は何をしていてもいいから」と声を掛けられることがあります。これは，初めての夜勤実習で，緊張や疲れもあるでしょうし無理をせずに，という意味もあれば，または，短時間で多くの業務をこなさなければならず実習生が行うのは困難，または負担が掛かり過ぎるなどといった

実習生への気配りの表れです。実習生は「何をしていてもいい」と言われたからといって勝手な行動はとらず，常に「実習生」という立場を考慮した言動を心掛けましょう。実習に不必要な物はもって行かず，また，実習中はスマートフォンや携帯電話の操作はしないようにしましょう。

④夜勤帯は職員数も大幅に減少します。夜勤担当職員も自身の役割や利用者対応に責任をもち，忙しい業務にあたっています。また，実習生にしてみれば，初めての夜勤実習ということもあり，質問・確認事項も多々あろうかと思います。聞きたい気持ちもわかりますが，現場の状況を考え，夜勤担当職員の業務を妨げたり，仕事のリズムを乱すような勝手な言動は慎みましょう。

⑤実習生にとって夜勤実習は，夜勤帯の職員の業務や動き，さらには，日々関わっている利用者の日中とは異なる様子を確認する良い機会でもあります。何も確認する間もなく，夜勤実習が終わってしまったということのないように，目的意識をもって臨むことが大切です。目的意識を明確にするためにも事前準備・事前学習の徹底に努めましょう。

⑥夜勤実習の翌朝，夜勤明けとして帰宅することになりますが，若いがゆえに夜勤明けとはいえ，まだ「活動できる」という気になってしまいます。しかし，実際は睡眠不足の状態であり，生活のリズムも乱れています。動けるからといって遊びに行ったりせず，すぐに帰宅し身体を休めるようにしましょう。常に実習生としての自覚をもった行動を心掛け，その後の実習に備えることが大切です。

以上が夜勤実習における注意点・留意点です。

実習生のなかには，夜勤実習を重荷や負担に感じる人もいるでしょう。確かに，楽な実習ではありません。しかしながら，学ぶことの多い貴重な経験となることは間違いありません。

介護実習及び介護職の総合的な理解ということを考慮し前向きな姿勢，かつ，真摯な態度で夜勤実習に臨みましょう。

第31講 実習指導者からレクリエーションをするように言われたのですが，どのようなことに注意して実施すればいいの？

　多くの高齢者施設や障害者施設では，季節に応じた諸行事を開催するとともに，日中活動として運動系，頭脳系，音楽系，創作系など多種多様なレクリエーション活動を取り入れています。また，レクリエーション活動を行うことによって身体機能の維持・向上，認知症予防，他者との交流による精神状態の改善などさまざまな効果が期待できます。また，最近では「心身及び生活の活性化を支援する」という意味から「アクティビティ・サービス」として実践している介護職員も多くいます。

1．自分の役割を知る

　実習指導者から，実習生主体でレクリエーションを実施するように言われたらどのように感じますか。「困ったな」「人前に出て行うのは恥ずかしい」などマイナスの感情をもつ人もいれば，「よし，利用者を笑顔にさせるぞ」と意気込む人もいると思います。仮に「人前に出て行うのは恥ずかしい」という感情が出てきても，それはおかしなことではありません。また，「人見知り」や「人前で話すことは苦手」というのは性格であり，否定されることでもありません。むしろ，それらは「自分らしさ」を形成している一つなのです。

　ここで大事なことは，「介護福祉士国家資格の取得を目指す実習生」としてどのように立ち振る舞わなければならないのかということです。利用者の前で「人見知り」という「素の自分」をそのまま表現しても利用者は戸惑うだけです。要は，「自己覚知」し，実習生に求められる役割を演じることが大切です。「演じる」というと「嘘をつく」と誤解されるかもしれませんが，社会にはそれぞれに「期待される役割」があり，

そうした役割を遂行するためには，あえてその役に徹する必要があります。この場合ですと，「レクリエーションが実践できる実習生」というのが「期待される役割」になるのです。実習生は，堂々とその役割を演じれば良いのです。人前で話すこと，人前で何かを行うことなどは，実践を重ねることで少しずつ慣れてきます。また，職員も応援してくれるはずです。前向きに挑戦しましょう。

2. レクリエーションを行う際の手順

1）利用者の様子・特性を知る（アセスメント）

レクリエーションを実施するにあたり，まずは参加者が何人位で，参加者はどのような利用者であるかを確認しなければなりません。つまり，利用者一人ひとりの様子・特性を把握する必要があるということです。

たとえば，身体機能が低下傾向にある利用者が大勢いるなかで激しい運動系のレクリエーションを実施しても意味のある実践とはいえません。レクリエーションを行うには，参加予定の利用者の障害の有無を含めた身体機能はもとより，年齢，性別，性格，他者との関係性，活動状況等を把握し，人選するとともにアセスメントを行うことが大切です。

2）レクリエーションを行ううえでの目的を明確にする

レクリエーションは，意味なく実施するものではありません。実施に際し，「何のためにレクリエーションを行うのか」といった目的を明確にする必要があります。参加予定者の特性をはじめ，少数なのか大人数なのか，また，高齢者施設，障害者施設，重症心身障害者（児）施設など種別によっても目的は異なります。さらには，「利用者同士で交流を図ってほしい」のか，あるいは「皆で楽しい時間を過ごしてほしい」のかによってもレクリエーションの内容は変わってきます。実習指導者に目的を確認し計画を立てましょう。

3）計画立案

　目的・目標を達成するためには計画を立てます。参加予定の利用者の状況（人数，状態等）を把握したうえで，用意するものは何か，時間配分はどうするか，職員の協力を仰げるのかなどを検討，確認しなければなりません。また，作成した計画表は必ず実習指導者や実習巡回担当教員に確認してもらうようにしましょう。またレクリエーションを行ううえで用意するものは，許可を得て実習先にあるものを使わせていただくとよいでしょう。仮に実習先にないものを自分で用意する場合であっても，自宅にあるものや学校で使用許可が得られるものなどにとどめておきましょう。高価なものを自腹で買うことのないようにしましょう。

4）レクリエーションの実施

　「計画表」に基づき実施します。レクリエーション活動中は，常に参加利用者に注意を払わなければいけません。万が一，利用者の具合が悪くなったなど緊急事態が発生した際は，直ちに活動を中止し，職員に対応してもらいましょう。

　なお，レクリエーションを行ううえでの注意事項・留意事項については後述の「３．レクリエーションの実施における注意事項・留意事項」を確認して下さい。

5）振り返り（評価・省察）

　何事においても「やりっ放し」はよくありません。実習指導者や実習巡回担当教員等と必ず「振り返り」を行いましょう。目的・目標は達成できたか否か，達成できなかったのであれば何に問題があり，改善点は何かなどを話し合い，今後につなげていくことが大切です。

　レクリエーションも実習生の重要な役割です。専門職を目指す者として責任をもって取り組みましょう。

3．レクリエーションの実施における注意事項・留意事項

1）利用者の体調・体力に気を配る・無理はさせない

　レクリエーションの参加者のなかには，高齢や障害等により身体機能が高くない利用者もいます。また，その日の体調や気分によっても活動状況は大きく変わってきます。「できない（できなかった）」ことが積み重なることで，自信を喪失し否定的な感情をもつことへもつながる恐れがあります。実習生は，無理はさせず，常に利用者の状況を確認することが大切です。

2）安全面に気を配る

　何事においても，事故や怪我は防がなければなりません。利用者に対する状況観察はもとより，活動時のスペース（他者との距離等）の確保，使用物品の素材，活動時間に対する配慮（長時間になり過ぎない）などにも注意が必要です。

　また，レクリエーション実施後は，気持ちが高揚します。終了時には，整理体操や深呼吸，あるいは静かな歌を唄うなどのクールダウンの必要性についても認識しておきましょう。

3）公平性を保つ

　特定の利用者に対し，レクリエーションを実施する際は，その人（達）以外の利用者に対する配慮が必要です。実習生は，「なぜ，あの人ばかり」と感情的になる利用者もいることを覚えておかなければなりません。利用者に関する諸情報を得ておくことは，レクリエーション実施上極めて重要なことです。不明な点は，実習指導者等に相談，確認し事を進めましょう。

4）利用者の状況を考慮した実施内容を心掛ける

　レクリエーションの内容については，利用者のことを第一に考えなければなりません。実習生にとって楽しいことであっても利用者にとって意義のあるものでなければ意味がありません。参加者の状況等を考慮し実施内容を検討しましょう。また，その際，あまりにも幼稚なレクリエーションは避けなければなりません。内容によっては，相手のプライドを傷つけることにもなってしまいます。

　以上が，レクリエーションを行うにあたり，実習生が頭に置いておくべき事柄です。「注意事項・留意事項」はもちろんのこと，「レクリエーションを行う際の手順」も把握しておかなければなりません。実習生にとっては，レクリエーションの実施も良い経験であり，勉強です。こうした機会を前向きに捉え，利用者にとって意義あるレクリエーションを実施しましょう。

第32講 介護過程の展開（個別支援計画）においてはどんなことに留意すればいいの？

　介護実習において，介護過程の展開は重要な取り組み事項の一つです。なぜなら，介護過程は介護を実践するうえでの思考とプロセスを意味するからです。

　第4講の介護過程についての概説に対し本講では，介護過程の展開上の留意点について説明していきます。

1. 介護過程の意義を理解する

　先述の通り介護過程は「介護を実践するうえでの思考とプロセス」を意味します。つまり，適切な介護・利用者支援を実践するためには，対象者の情報や状況を正確に分析，理解し対応方法を決定するといったいわば「考える過程」が極めて重要となります。

　そして介護過程は，アセスメント・計画の立案・実施・評価といった一連の系統立てられたプロセスを経て展開することとなります。

　さらに近年，「科学的根拠に基づいた介護」「科学的裏付けに基づく介護」という言葉をたびたび耳にします。ある物事に対する考え方や行動が，系統的・体系的，合理的，実証的であることを「科学的」と言いますが，考えることと行動すること・実践することの関連を科学的に説明したものが介護過程なのです。

　介護実習においては，こうした介護過程の展開が実習生に対する課題の一つとして課されることになります。このような介護過程についての説明からも決して楽な事柄ではないことがわかるでしょう。実習生は，まずは介護過程の意義の理解に努めることが大切です。また，必要に応じ，多くの文献等を再確認するなどし，「考える力」をつけるために努力しなければなりません。

2. 情報収集・アセスメントを怠らない

　アセスメント・計画の立案・実施・評価といった一連の介護過程の展開において，得た情報を基にした「アセスメント」は極めて重要な過程です。

第4講でも記されている通り，全体像が最初から把握できる事例検討とは異なり，実習では情報がない中で対象者との関係を築きながら多くの情報・良質の情報を集めていくことになります。そして，得た情報をもとに専門職としての（実習生であれば専門職を目指す者としての）視点から分析し，また，さまざまな情報を吟味し関連付けることで利用者の生活課題・ニーズを明確にしていくのです。その後，生活課題を解決するための，あるいはニーズに応えるための計画立案へと展開していくこととなります。多くの情報・良質の情報なくして適切なアセスメントはできません。また，適切なアセスメントなくして利用者にとって有益な計画は立案できないのです。つまり，一連の介護過程において情報収集・アセスメントが重要な過程であることを実習生は把握しておくことが大切です。

3. 計画的な取り組み

介護過程の展開は，介護実習において重要な取り組みの一つとして位置付けられています。

しかしながら，実習生は介護過程の展開だけを行いに実習に来ているわけではなく，日々の介護業務に励みながら介護過程の展開を行わなければなりません。そのため，思うように介護過程が展開できずに実習が終了してしまう実習生も少なくありません。とはいえ，「時間がなくできなかった」「できないものは仕方ない」と開き直ってしまっては，せっかくの実習を通じての学びも薄れてしまいます。

そこで，介護過程の展開については，実習指導者や実習巡回担当教員等に相談し，指示を仰ぎながら進めていくとよいでしょう。

また，実習生としては，計画に基づき実施したい日数，つまり「実施日数」をあらかじめ設定し，そこから逆算して「いつまでに計画を立案すればよいのか」「いつまでにアセスメントをし，課題やニーズを明確にすればよいのか」，そして，そのためには「いつまでに対象者を決定し情報収集を済ませればよいのか」を考えることも一つの方法です。なぜなら，介護実践による結果（利用者の変化）を考えた際，たとえば，「実施日数が2日で結果が○○であった」というのと「10日実施した結果が○○であった」というのとでは，明らかに「信憑性」が違います。つまり，前者において仮によい結果が出たとしても「たまたまそうであったのだろう」ということにもなりかねません。やはり，ある程度の実施日数を確保し，データを取り数値化できるような結果を残した方が信憑性や説得力のあるものになるでしょう。

　もちろん，実習生が限られた期間で計画を立て実施しよい結果を出すことが極めて困難なことであることは，実習指導者も実習巡回担当教員もわかっています。しかしながら，両者からすれば将来，介護福祉士として利用者支援にあたることになる実習生には，「介護過程の展開」の重要性を認識してもらい，そのために目的意識をもって対象者と向き合ってほしい，介護過程に取り組んでほしいと思っているのです。

　ただし，先にも記した通り，実習生は介護過程の展開だけを行いに実習に来ているわけではないのです。いかに時間を有効に使うか，また捻出するか，そして，実習指導者や実習巡回担当教員等といかにコミュニケーションを図り進めていくかなどが重要となります。こうしたいわゆる「計画的な取り組み」が介護過程の展開では大切なのです。

　実習生の皆さんが在籍している養成校での実習指導や介護過程の展開の授業を通じて，さらには，多くの文献に目を向けるとこで介護過程を展開を図るうえでの留意事項としてさまざまな事柄が確認できるでしょう。要は，それだけ留意しなければならないことがあるということです。実習担当教員の言ったこと，他の書籍等で記されていることのどれが正しく，どれが間違っているということもありません。実習生には本講記載内容を理解し意義ある「介護過程の展開」を図ってほしいものです。

第33講 個別支援計画を実施するための時間は作ってもらえるの？いつ実施すればいいの？

　実習中においては「介護過程の展開」に基づいた個別支援計画の立案および実施・評価が実習生の行うべき事柄として課せられます。実習生は，その日の実習担当職員と行動を共にし，そこで利用者対応方法はじめ，介護技術やコミュニケーション技法等多くのことを習得することになりますが，その一方で，介護過程の展開も実施しなければならず，実習生の多くは，その時間の確保が心配事の一つになっているようです。ただ，黙っていても進展はありません。何事も自ら行動することが大切です。

1. 実施時間確保のための工夫

　実習施設によっては，個別支援計画に基づいた実施のための時間を確保してくれるところもありますが，もちろん，全ての施設がそうであるとは限りません。その場合は，自身で工夫し時間を確保することが大切です。

　例えば，昼の休憩時間を多少早く切り上げ，残りの数十分を実施時間に当てることや，その日の実習終了後，数十分残って，そこで計画に基づいた実施を行うなど，工夫すれば時間の確保は可能となります。また，決まった時間に実施することで，その日その日の利用者の変化にも気づき，また，データ等も取りやすくなるといった利点も考えられます。

　その一方で「休憩時間は休憩時間」「実習時間後に残って行うのはいかがなものか」との考え方もあるかと思います。実施時間が確保されていない場合は，実習指導者に相談，確認してみるのもよいかもしれません。また，自分で確認しにくければ，まず，実習巡回担当教員に相談し指示を仰ぐといった方法もあるでしょう。

　いずれにしても，「実施する時間がなかったから個別支援計画に基づいた実施・評価ができなかった」は理由になりません。自分自身

で工夫し時間を確保するなり，実習指導者，あるいは実習巡回担当教員に相談，確認するなり確実に実施時間の確保が可能となる方策を見つけ出しましょう。

2. 実施時間が確保されている際の取り組み

　個別支援計画に基づいた実施のための時間が確保されているのであれば，それほどありがたいことはありません。なぜなら，その時間は，個別支援計画の対象者である利用者とゆっくり関わることができ，実習生自身も実施等に集中することができるからです。

　また，時間を確保してくれている場合は，たいてい同じ時間を実施時間に当ててくれるケースが多く，実施・確認する内容によってはデータを取りやすく，また，ある程度の日数を確保できれば，そのデータの信憑性も高いものになります。

　さらに，時間があれば，実施後の評価結果に基づき再アセスメントを行ったうえでのプランの変更も可能となります。

　こうしたことからも，実習生においては，計画的に物事を遂行することが極めて重要なこととなります。

　仮に，利用者の変化を見るためにデータ等を取るとなると，本来7日〜10日位の実施日数はほしいものです。ある程度の日数が確保できたうえでの結果・データは，当然，信憑性の高いものになります。逆に2日〜3日しか計画に基づいた実施ができず出た結果というものは，よい結果が出たとしても「それは偶然」ということにもなりかねません。そこで，7日〜10日位の実施日数を確保するとなれば，いつまでに個別支援計画ができ上がり，そのためには，何日までに情報収集しアセスメントしなければならないかを逆算し考えていく必要があります。

　実習期間中の介護過程の展開については，いかに工夫し時間を有効に使うかが大切なこととなります。介護過程の展開が実習教育において重要な位置付けにあることはもちろんですが，これだけを行うために実習に来ているわけではありません。限られた時間の中で多くのことを学び，習得しながら，介護過程の展開も行うことを実習生は肝に銘じておきましょう。

　介護過程の展開に基づいた個別支援計画の実践は，多くの実習生が戸惑うものです。進め方がわからない，思うように進まないなど困ったことや不明な点があれば一人で悩まず，実習指導者や実習巡回担当教員に相談，確認し，または指示を仰ぎ進めていくことが大切です。そして，先にも述べたように何事も自ら行動するよう努めましょう。つまり，黙っていても進展はないのです。

実習中の反省会（中間・最終）って どのように行われるの？

　介護実習では，介護福祉士にとって必要な知識や技術をはじめ所作等を着実に習得していくために，計画的に実習を遂行していくことになります。これは，単に目標を立てるといった安易なものではなく，立案した目標を達成するためにどのように行動し，どのような結果が出たのかを客観的に振り返る（反省する）ことが必要になります。仮に目標が達成されたのであればどのような言動が目標達成に結びついたのか，その根拠を明確にすることも専門職には求められるのです。

　また，達成できなかった際は，その要因はどこにあるのか，また残された期間で目標を達成するためには何をどう改善したらよいのかなどより具体的な計画を練り直すことになります。

　つまり，実習を計画的に進めていくためには自身の実習を客観的に振り返る機会が必要であり，これにあたるのが反省会なのです。養成校によっては，カンファレンスという名称を用いるところもあり，その回数も実習期間中に中間と最終の2回の実施なのか，あるいは最終のみの1回とするのか実習施設・養成校の状況・判断に委ねられているというのが実状です。

　ただし，それぞれの反省会には実施時期に応じて意図や目的が異なりますので，実習生はその趣旨を理解・認識したうえで反省会に臨む必要があります。また，反省会の進行は実習生が行うのが基本であり，実習生は反省会における発表のための事前準備はもちろんのこと，並行して反省会の施設職員の参加者確認，内容・進行の調整なども行うことになります。不明な点があれば，事前に実習指導者や実習巡回担当教員に確認・相談するようにしましょう。

　そこで，ここからは中間反省会および最終反省会について概説していきます。

反省会
の進行？

1. 中間反省会

　文字通り中間反省会とは，実習の中間時点で行う反省会です。この時点での反省会については，実習開始前に立てた実習目標に対する達成度を明確にすること，

そして介護過程の展開（個別支援計画）の進捗状況の報告等が主たるものとなります。

　また，実習生からすれば，報告内容に対し，実習指導者をはじめ，反省会に出席している職員等から指導・助言が受けられ，状況によっては軌道修正が可能となるといった利点があります。

　そのほか，実習目標や介護過程などとは別に，実習指導者等の指摘により自身の成長につなげるよい機会ともなります。例えば，実習生自身は，敬語を用い何ら問題なくやり取りをしていると思っているにもかかわらず，反省会時に言葉遣いについて指摘を受けるといったケースも珍しくはありません。人間だれしも，「よかれと思って」言動を起こしているのです。自分自身では気づかず相手から指摘を受けることで，自身の課題・改善点が発見できるということも考えられます。冒頭でも触れている通り，介護福祉士には，知識や技術の習得に加え，対人援助職としての所作を身に付けることも求められています。中間反省会においては，多様な側面からの自身への気づきを促す機会と捉え真摯な態度で臨むことが大切です。

2. 最終反省会

　最終反省会とは，おおむね実習最終日に実施される反省会です。場合によっては，実習最終週の実習巡回担当教員の巡回日にあわせて行われることもあります。

　最終反省会の最大の目的は，実習開始前に立てた実習目標が達成できたのか否か，未達に終わったのであれば，その原因は何であったのか，また，今後の課題は何かなどを明らかにすることです。

　実習生は，すでに中間反省会にて実習目標や介護過程に対する進捗状況を報告し，課題も明確になり，実習指導者や実習巡回担当教員から指導・助言のもと実践活動を励行していたわけです。中間反省会後，どれほどの取り組みを行い，どのような結果・成果が現れたのかを明らかにする，いわば，集大成としての報告および自己省察の場と認識しておきましょう。

　そして，客観的な視点で自己を見つめなおすとともに，専門職としてふさわしい言動を起こすためには「振り返り」が必要であるということを頭に置き，自己成長を遂げてほしいものです。

　反省会は，実習施設によってその規模も異なり，実習指導者と実習生のみのこぢんまりと実施することもあれば，実習指導者，介護職員数名に加え施設長や事

第3章　実習中の取り組み・留意事項

務長等を交え実施するところもあるようです。また，時間も数十分から１時間位とかなりの幅があるのが実状です。こうした実状にあって，実習生の多くから「（反省会は）１回で，なおかつ，こぢんまりとした形式がいい」「時間も短ければ短いほどいい」など，楽な方を望む声をよく耳にします。しかしながら，本書を手に取ってくれた実習生には，ぜひとも反省会の目的や実習生にとっての利点を理解してもらい，「あえて厳しい方を望む」位の気持ちをもってほしいというのが実習担当教員の率直な思いです。要は，その位の気で万全の準備をし，多くの職員から指摘，指導を受け意義ある反省会としてほしいということです。前向きな姿勢，真摯な態度で反省会に臨みましょう。

　反省会における進行例を記載しておきますので参考にしてください。

司会（実習生）	「本日は，お忙しい中お集まり下さいましてありがとうございます。ただいまより中間（最終）反省会を始めさせていただきます。はじめに，実習生からこれまでの実習での学び，反省，そして介護過程の展開（個別支援計画）に対する進捗状況（最終反省会の場合は結果，考察・省察）について発表させていただきます。では，○○さんお願いします」 （実習生が複数名いる場合は一人ずつ発表。一人の発表が終了したら施設職員からコメントをいただく）
実習生	「（発表終了）」
司会（実習生）	「それでは，職員の方々よりご助言，アドバイスをいただけたらと思います。よろしくお願いいたします」 （複数名の職員が出席下さっている場合は立場の上の方から順にお言葉をいただく）
施設職員	「（コメント終了）」
司会（実習生）	「ありがとうございました」 （実習生が複数名いる場合は，「実習生発表」「司会者コメント」の繰り返し）
	実習生全員の発表終了
（実習巡回担当教員出席の場合）	
司会（実習生）	「それでは，実習巡回担当教員の○○先生からお言葉をいただけたらと思います。よろしくお願いいたします」
実習巡回担当教員	「（コメント終了）」

司会 (実習生)	「ありがとうございました」
司会 (実習生)	「では，最後に職員の方々からなにかございましたら再度ご助言，アドバイスをいただけたらと思います」
	（コメント終了もしくはコメント無し）
司会 (実習生)	「本日，職員の方々からいただいたご助言，アドバイスを今後に活かして行きたいと思います。これで中間（最終）反省会を終了させていただきます。ありがとうございました」

第35講 実習最終日（もしくは終了数日前）にすべきこと，確認しておくべきことは何？

　実習最終週は，実習目標に対する達成度や各自に残された課題を明らかにする大切な時期です。実習開始前に立てた目標に対する振り返りを行うとともに，実習指導者や実習巡回担当教員から指導・助言を受け，より実習が充実したものになるよう努めましょう。

　また，一定期間の実習を通じ学び得た集大成の一つとして実習の記録物があります。この記録物に対する記録が適切に記載され，期日厳守で提出されなければ実習の評価が受けられないばかりか，介護実習の単位取得にも至りません。記録物の提出等については，第37講を確認していただくこととして，本講では，それ以外の事柄について確認していくことにします。

1. 最終反省会についての準備・確認

　第34講にも記されている通り，実習中，中間と最終，2回の反省会（施設によっては最終のみ）が行われます。いうまでもなく，最終反省会は実習最終日，もしくは最終週に実施され，実習生は事前にその準備・確認をしなければなりません。また，進行は基本的に実習生が行うため，実習指導者との事前打ち合わせも必要となります。

　あとは，反省会に備え，介護過程の展開（個別介護計画）を含めた実習の振り返りを行い，適切な発表・報告が行えるよう準備しておきましょう。

2. 実習中の事柄に対する諸手続き

　日々，利用者がどのような食事をとっているか（硬さ・味付け等）を確認することは，大切なことです。そこで，施設によっては，利用者と同じ食事をとらせてくれるところもあります。また，まれに（通いではなく）宿泊によって実習を行う施設もあります。

　こうした食事代や宿泊費は実習生の負担となります。該当するものがあれば，

事前に支払い日，支払い方法を確認しておくことも必要です。

　そして，支払いにおいては，お釣りが無いようにして，封筒に養成校名，氏名，何の費用で何日分か（食事代　○日分　○○円）を明記しておくことも忘れないようにしましょう。仮に複数名の実習生がいる際は，リーダーがそれぞれの代金を集めるなど少しでも実習指導者に負担，迷惑を掛けないよう心掛けましょう。

3. お世話になった職員や利用者へのあいさつ

　お世話になった職員や利用者へのお礼のあいさつは欠かすわけにはいきません。また，あいさつに回る際，特に職員の勤務状況を確認しておくことも大切です。「実習最終日にあいさつすれば」と思っていても，その日が休みとなっている職員もいるわけです。その場合は「実習が○日で終了となります。いろいろお教えいただきありがとうございました」などと事前にあいさつしておく必要があります。そのほか，事務所の職員に対するあいさつについては，業務の状況や勤務時間等を考慮し，支障をきたすことのないよう注意しましょう。

　さらには，利用者に対するあいさつも忘れてはなりません。利用者のなかには関わる機会も多く，それなりに関係を築くことのできた方もいるのではないでしょうか。そうした利用者は，実習生との会話や関わりを楽しみにしているのです。利用者は，実習生がまた明日も来てくれるものと思っていて，（実習終了により）もう来ないことがわかれば，利用者にとってこれほど残念なことはないでしょう。お世話になった利用者に対しては，実習がいつまでかをしっかりと伝え理解を得ておくことも必要となります。

　長期間お世話になった職員や利用者に対し自らの言葉で「感謝の意」を伝えることは，実習生のマナーです。しっかりとした言動で実習をしめくくりましょう。

4. 使用した控え室・ロッカー等の清掃および忘れ物の確認

　施設によっては，実習期間中，実習生に対し控室やロッカーを準備してくれるところもあります。使った場所・物は，毎日，整理整頓，そして清掃して帰るのは当然のことです。

　特に，実習最終日については，いつも以上に念入りに清掃するよう努めましょう。「立つ鳥跡を濁さず」ということわざがあるように，借りた時よりもきれいになるよう清掃すること，これも実習生としてのマナーであり，「感謝の意」を伝える伝達方法の一つなのです。

そして，清掃とあわせて忘れ物にも注意を払うことが大切です。特に記録物やメモ帳など，利用者に関する情報が記載されたものは「個人情報保護」という点からも責任をもって持ち帰ることが重要です。忘れ物を確認するとともに，鍵も忘れずに返却しましょう。

　実習生が実習中，あるいは実習終盤に行うことは，知識・技術を身に付けることや課題に対する取り組みだけではありません。本講で触れたように，実習生として，また人として行うべき当たり前の事柄をいかに行動に移すかが重要なこととなります。
　実習生自身がすべきこと，また確認しておくべきことが思い浮かんだらその都度メモしておく習慣を身につけましょう。

第36講 実習先から就職のお声掛けをいただいたがどう対応すればいいの？

1．介護現場の実状

　周知のとおり，介護施設においては，職員確保に苦戦を強いられているというのが実状です。

　そうした状況下において，例えば，サービス提供体制を強化して基準を満たし，かつ，届出を行った介護事業所に対して算定される加算として「サービス提供体制強化加算」というものがあります。これは，介護職員の総数のうち，介護福祉士の割合がどれ程いるかが問われるものであり，こうした加算がある以上，当然介護施設としては，介護福祉士国家資格有資格者を求めることとなります。

　しかしながら，介護職員の確保は難しく，施設においては，ボランティアで来てくれた学生や実習生に目を向け職員として採用したいと考えるのは当然のことといえるでしょう。

　特に実習生の場合，長期間，その学生の実習態度や取り組み姿勢を見ていることもあり，言うなれば良いことも悪いことも把握しているということになります。採用する介護施設側からすれば，どのような学生かがわかっているという安心感があるといえます。

　そこで，様子のわかった優秀な学生をいち早く確保したいという思いから，実習施設が実習生に対し声を掛けるケースが多くなっています。事実，実習途中での帰学日指導時，あるいは実習終了後，学生から「うちの施設においでよ」「うちの採用試験を受けてみない」との声を掛けられたとの報告を多々耳にします。

2. 実習施設からの就職の声掛けに対して

　こうした実習施設からの声掛けに対し，最も重要となるのが実習生の返答です。

　もちろん，実習生にとっては良い話であり非常にありがたいことです。多くの実習生は，就職の話をもち掛けられることで，「自分を評価してくれている」と捉えるでしょう。また，今現在，実習中であり，お世話になっているという思いから印象を悪くするような返答は避けたいと考えることも想像できます。それ故に「はい」や「ありがとうございます。受けたいと思います」など，安易に採用試験を受験するととれる発言をしたり，あるいはその施設への就職をほのめかす返答してしまう危険性があります。

　学生がこうした返答をすれば，当然施設側も「確実に来てくれる」と判断し，状況によっては，実習指導者や一介護職員から，主任，人事担当者，事務長，施設長にまで話が行ってしまうこともあり得るのです。

　そこで，仮にこうした話があった際，実習生は先ずは，よく考え，安易な返答はしない・即答はしないということを心掛けておくべきです。つまり，「ありがとうございます。前向きに考えさせていただきたいと思います。また，受験させていただく時はご連絡させていただきます」「多くの施設を見させていただき決めたいと思います。もちろん，就職先の候補としては考えたいと思います」など一旦考える時間がほしいという姿勢を示すことが大切です。ただし，声を掛けてくれた施設に就職をしたいという確固たる意思をもっている場合は，その意思を相手にしっかりと伝える必要があります。

3. 発言・返答には要注意

　コミュニケーションはその伝え方と相手の話の受け取り方によって全く違った意味の情報伝達となります。そのことを考え，人に物事を伝える時は注意が必要です。仮に，その施設に就職をしたい，または採用試験を受験したいと取れる，あるいは，勘違いされるような返答によって，施設側は，採用試験の準備をしたり，場合によっては，内定の後の事柄まで事をすすめ，また諸事項について検討

し始めるかもしれません。つまり，そのくらい声を掛けた実習生はほしいのです。後々，トラブルにならないためにも施設に対する返答には十分注意しましょう。

　そのほか，就職という観点から補足事項として記しますが，養成校においては，内定を得ると他の施設は受験をさせないという養成校も多々あります。というのも，養成校と実習施設との間での実習生の受け入れや学生の就職は，互いの信頼関係が大きく影響しています。皆さんもご存知の通り，信頼関係を築くのは大変なことでありますが，それとは逆に信頼関係を失うのは容易なことです。実習生の身勝手な行動や安易な発言・返答が自身に伸し掛かることはもちろんのこと，養成校の後輩の実習・就職にまで影響が及ぶということも念頭に置きましょう。

　繰り返しになりますが，実習先から就職のお声掛けをいただいた際は安易な返答はせず，一旦考える時間がほしいという姿勢を示すということを心掛けて下さい。

第4章

....

実習後の取り組み・留意事項

第37講 実習終了後に行うべき事柄ってどんなこと？

　実習生は，実習が終了したからといって「やれやれ」ということにはなりません。いうまでもなく，実習終了後にすべき事柄をし終え，ようやく「実習終了」ということになるのです。

　細かい内容は養成校によっての違いはあるかと思いますので，ここでは大まかな点について概説していくこととします。

1. 記録物の提出日および提出方法・（施設側確認後の）受け取り方法の確認

　実習生は，実習最終日までには実習指導者に実習関係の記録物の提出日および提出方法等を確認する必要があります。

　提出日については，実習指導者側が指定するケースもあれば，「いつ頃だったら提出できますか？」とある程度，実習生の希望を聞いてくれることもあります。ただし，後者の場合であっても1週間後の提出では遅すぎます。できれば3日後，遅くとも5日後以内には提出する旨伝えましょう。本来，記録物は実習最終日にはほぼ仕上がっているはずです。あとは，最終日の実習日誌と，実習の総括を残すのみという状態にしておきましょう。そのためにも，記録物は，溜め込まずに計画的に書き進めておくことが大切です。そこで，実習生は，提出までの数日間で下記事項を確認することになります。

- ●提出すべき書類はすべてそろっているか
  （実習日数分の実習日誌・個別支援計画関係書類一式・施設概要・出席簿等）
- ●記入漏れはないか／（必要箇所への）印鑑の押し忘れはないか
- ●訂正箇所については，訂正印を用いきちんと訂正してあるか

また，提出については郵送ではなく，決められた日に持参するのが一般的です。期日・時間厳守はもちろんのこと，しっかりとした服装・身だしなみで訪問するよう心掛けましょう。そして，訪問の際，今度は提出書類の受け取り方法を確認する必要があります。実習指導者は，多忙のなか，実習生の記録物の確認をはじめ，コメント欄への記載などを行ってくれるのです。当然，ある程度の日数は要する訳であり，確認は欠かせません。大半は，実習生の方から指定された日に受け取りに行くことになりますが，まずは，実習指導者に確認してみて下さい。

実習施設・実習指導者には長期間お世話になっているわけです。諸事項を確認する際は，態度や言葉遣いには十分注意し接するよう心掛けましょう。

2. お礼状の提出（お礼状の書き方は巻末資料参照）

実習が終了すると，必ず「お礼状」を提出することになります。ただし，提出については，各自で対応（持参・郵送）することもあれば，養成校から郵送というケースもありますので，養成校の指示に従いましょう。

また，お礼状の書き方については，授業等で実習担当教員から説明があるかと思います。お世話になった実習施設の方々に対し感謝の気持ちを伝える（礼状にする）ことは，実習生としての一般常識です。"書き方のルール"に基づき丁寧に書くよう努めましょう。なお，ここでいう書き方のルールとは「（頭語・時候のあいさつを含めた）冒頭のあいさつ」「（実習に対する感謝の気持ちなどを述べる）主たる用件」「（結びのあいさつ・結語を含めた）締めくくりのあいさつ」「日付・差出人署名・宛名」等を交え記載するということです。仮に書き方等で不明な点があれば，実習担当教員に確認し添削指導を受け，実習終了後1週間以内に提出（郵送）するようにしましょう。

3. 実習報告書・実習事例研究レポート作成準備
   （第39講参照）

一定期間の実習が終了すると，今度は，実習での学びや取り組み等を文章化する実習報告書あるいは実習事例研究レポートの作成に取り掛からなければなりません。

報告書なのかレポートなのか，提出課題は養成校によって異なりますが，実習生は実習を振り返り，その準備に取り組むことになります。「実習の記録物はすべて学校（養成校）に提出してあるため手元に無い」ということにならないよう提

出前に必要な記録物はコピーを取っておくとよいでしょう。

　先にも記した通り，実習終了後にすべき事柄をし終え，ようやく「実習終了」ということになります。仮に実習報告書・実習事例研究レポート作成準備は時間を掛け行っていくとしても，「記録物の提出日および提出方法・受け取り方法の確認」や「お礼状の提出」は，実習生の礼儀・マナーとしてしっかりと対応しなければなりません。態度や言葉遣いには十分注意を払い実習指導者に対し「成長した姿」を見せることも大切なことです。また，実習指導者をはじめ施設職員も実習生の成長を確認することで，実習生の受け入れから実習終了までの努力や苦労が報われることにもなるのです。
　実習生の皆さんには，実習に関する一切の事柄が済むまでは「実習中」というくらいの気で緊張感をもって締めくくりに取り組みましょう。

第38講 実習施設に対し好感をもったため実習終了後も訪問したいのですが大丈夫？

　実習で多くのことを学ばせていただきその施設と実習終了後も関わりをもちたいと思うということは，実習の内容が充実していたからであると思われます。事実，介護過程などで受けもった利用者と良好な関係が築け実習終了後も引き続き関わりたいと伝えてくる学生もいます。しかし，一学生として一人の利用者と個人的に関わるのはおすすめしません。個人的に関わった結果，利用者の要求に応えきれず中途半端な関わりになりトラブルを招くことも考えられます。そのため，実習終了後に施設に訪問するのを推奨しない場合もあるかと思いますので，養成校のルールを必ず確認しましょう。ただし，施設の許可を得てボランティアとして訪問するのであれば問題ありません。

実習が終わったけど施設に行っていいかしら？

学校側に聞いてみよう

1. 訪問目的を明確にする

　実習生が実習終了後も施設に訪問したいと伝えれば，施設側から卒業後就職してくれるのではないかと期待されることにもなるでしょう。実習生がその施設を気に入り，就職も視野にいれているのであればよいのですが，そうでない場合は気まずい状況になる場合があります。何を目的に訪問したいのでしょうか。ただ単に利用者や職員と仲良くなったから顔を見に行きたいだけの訪問なのか，アル

バイトやボランティアが目的なのか，また，就職活動を考慮しての訪問なのか，目的を明確にしておくことが大切です。ボランティアでもなくアルバイトでもなく，就職活動でもない場合，実習した学生とはいえ第三者を施設に招き入れることになりますので，利用者の個人情報保護のため施設側からお断りされる場合があります。

2. 考えられる訪問形態（ボランティア・アルバイト）

引き続き実習施設に訪問する主な方法として，一つはボランティア活動を目的に訪問する，二つ目はアルバイトとして働くことが考えられます。しかし，これらに関しては施設や養成校に確認しながら慎重に話を進める必要があります。

1）ボランティア

施設においては，各行事などのイベントで人手が必要となりボランティアを募集することがあります。また，そのようなイベントとは別に日常利用者と関わってくれるボランティアを受け入れている施設も多くみられます。学生には，こうしたボランティアに積極的に参加してほしいものです。さまざまな施設のボランティアに関わることにより，見学だけでは把握しきれない施設の雰囲気や利用者の様子，職員の動きなども確認することができます。しかし，ボランティアとはいえ利用者と関わる以上，注意すべきことがあります。

一つには自立支援ということです。ボランティアだからといって何でも利用者の依頼に親切心で応えていいわけではありません。「してほしい」と言われても職員に確認し指示を仰ぐ必要があります。利用者のできることは手を出さずに見守り意欲を向上させるような声掛けを励行しましょう。また，学生の思いを押し付けるのではなく，利用者の思いを傾聴しましょう。

ボランティアとアルバイトはちがいますよ

次に，プライバシーへの配慮が挙げられます。利用者のことをあれこれ詮索し不必要な情報を入手したり，それらに対し自分の考えを押し付けたりしてはいけません。また，実習時と同様に知り得た個人情報を第三者に口外してはなりません。

そしてリスク管理をしておくことも大切です。ボランティアの際に事故を起こさないようにすること

はもちろんですが，万が一起きた場合のことを考えて保険について確認しておきましょう。実習生は養成校にて保険に入っていることと思いますが，ボランティア活動も対象なのか，事故や怪我をした場合どこに報告するのか，手続きの方法や対象となる事故や補償内容はどのようになっているのかなどについても確認しておきましょう。保険に入っていない場合はボランティア保険というのがありますので，加入しておくとよいでしょう。

その他，服装や態度などのマナーについては実習の時と同じだと思ってください。どんな時にも，報告・連絡・相談を忘れず，気持ちのよい関係性を続けられるように行動しましょう。

2）アルバイト

アルバイトとなると仕事となりますので，学生といえどもより責任が重くなります。施設や利用者のことは実習である程度は理解していると思うかもしれませんが，実習気分で関わることのないよう十分注意しましょう。アルバイトの場合，その施設の職員という位置付けになります。そこで実習と違い職員の対応も変わることが予想されます。任された仕事の内容も学生が希望するものと違うかもしれません。例えば学生が介護職員初任者研修を修了者でない場合は（現在，介護福祉士として学んでいるとはいえ）無資格者となりますので，利用者の直接介助を任されないことも考えられます。もっと利用者と関わりたいと思ってもそこは仕事ですから施設の方針に従う必要があります。

また，施設としては継続的にアルバイトをしてほしいと望むこともありますが，当然，学業優先となりますので，アルバイトを行えない時期もあるかと思います。そのままうやむやに辞めてしまうことのないよう注意してください。時々，「〇〇さんどうしていますか。最近アルバイトに来てくれないので」と実習の打ち合わせの際に実習指導者から確認されることがあるのも事実です。アルバイトをするのも辞めるも学生の自由ではありますが，辞める時はそのことを施設に伝えましょう。行くことになっていたにもかかわらず行っていないなど，無責任な行動は迷惑をかけることになります。

実習施設が気に入ったとして関わるのですから，最後まで責任ある行動をとりましょう。

3．利用者と個人的な約束はしない

良好な関係が築けた利用者に対し，実習が終了しても引き続き訪問したいと伝

えれば，多くの利用者は喜んでくれることでしょう。しかし，中には自分だけに訪問されるというのは共同生活を行っている立場から他の利用者に気をつかい負担に感じる利用者もいるかもしれません。また，実習期間という限られた日数であれば，施設側の説明により利用者も「学生さんの勉強のため」と了承していたのかもしれませんが，実習終了後もとなると，精神的に負担を感じる利用者もいるかもしれません。つまり，学生からの利用者へのお願いは，断りづらく「いいよ」と返事をしている場合も考えられます。

　ここで一例を挙げてみます。実習生が「実習終了後も時々来ていいですか？」と利用者に尋ねたところ「いいよ，いつでも来てね」とその時は返事をされたものの，後で利用者から施設の職員へ「訪問は断ってほしい」との相談があり，それを伝えられた実習生は，「利用者が訪問していいと言った」として職員や利用者を困らせたケースがありました。実習生としては利用者への思いが膨み「これからも，もっと何かしてあげたい」との思いからの行動だったかもしれませんが，一方的な思いの押し付けは相手の負担になるばかりか，許可無く個人的に動いたばかりに実習施設に迷惑をかける結果となってしまい，後味の悪い実習となってしまいました。

　ボランティアとして施設の行事等に関わることに問題はありませんし，その時に顔見知りの利用者と関わるのもとりわけ問題はないでしょう。しかし，実習生個人と特定の利用者と関わりとなると大きな問題にもなりかねません。

　実習終了後もその施設を訪問したい場合には，利用者との個人的な約束をするのではなく，養成校および施設に確認を取りボランティア等で訪問することが望ましいといえます。

第39講 実習報告書・実習事例研究レポートの作成に向けた準備は何をすればいいの？

実習生は，長期に及ぶ実習が終了したからといってのんびりしてはいられません。大半の実習生は，実習報告書や実習事例研究レポートなどの作成にとりかかることになるでしょう。もちろん，書式，文字数，記載の内容・記載方法は養成校によって大きく異なります。

たとえば，実習課題，実習目標に対する達成度・到達度，さらには実習に対する考察・省察などの記載を含め「報告書」としての提出を求めるところもあれば，実習生自身が実習期間を通じて行った一連の介護過程の展開（第4講参照）を「実習事例研究レポート」として，ある程度の期間を設けての課題として課すところもあるでしょう。形式はどうであれ，実習生においては，まず実習の振り返り（考察・省察）をすることが何より重要なこととなります。

何事においても，やりっ放しではいけません。よかった部分はどういう点か，また，反省すべき部分はどういう点か，さらにはそうした結果につながった原因・要因は何かなどを自分なりに考え，自己成長につなげていくことが有能な専門職を目指す者としては欠かせません。

また，実習の振り返りには，実習生が苦労して記した実習の記録物が必要になります。ただし，記録物は実習終了の数日後には実習施設の実習指導者に提出し，確認，コメント，署名などを頂いた後，数週間後に返却されるというケースが一般的です。そこで，実習生は報告書などの作成準備，実習の振り返りのために記録物の提出前に控え（コピー）をとっておくことを忘れないようにしましょう。

報告書の提出であれ，実習事例研究レポートの提出であれ，実習を振り返り，取り組み事項や自身の考察・省察を文章化しておくことは，あとで課題に取り組むうえでたいへん意義あるものになります。

また，作成した報告書などを基にした情報を共有することが極めて重要なことであることから，多くの養成校において報告書などの作成後，教職員，下級生参加のもと「実習報告会」「実習事例報告会」と称した報告会を開催しています（第40講参照）。

そこで，ここからは実習報告書・実習事例研究レポートの作成に向けた具体的な準備について確認していきます。

第4章 実習後留意事項

1. 実習報告書・実習事例研究レポート作成に向けて

　前述の通り，実習報告書等の書式，文字数，記載の内容・記載方法は養成校によって異なります。まずは，各養成校の実習報告書などの執筆規定などを事細かに確認することが大切です。

　そしてそのうえで，まずは一通りの実習の記録物を再確認することを心がけましょう。実習を行うにあたっては，さまざまな記録物が用意されます。主なものとしては，実習目標記録用紙，施設概要記録用紙，実習日誌，介護過程（個別支援計画）関係用紙としてフェイスシート，アセスメントシート，ICF整理シート，個別支援計画表，実施・評価記録用紙，そのほか総括・反省記録用紙，プロセスレコードシート，自主学習シートなどが挙げられます。

　もちろん，実習報告書，実習事例研究レポートのどちらの作成，提出が求められているかによって確認すべき記録物も変わってくるでしょう。しかしながら，一通りの記録物を再度確認することは，当初設定した実習目標に対する到達度・達成度を測るうえで，さらには実習に対し考察・省察するうえで大切なこととなります。特に，実習報告書作成においては欠かすことができません。

　また，実習事例研究レポート作成が求められている場合においては，介護実習中に実施する一連の「介護過程の展開」（第4講参照）をレポートとして課す養成校が多いかと思われます。こうした課題に対しては，一連の流れに沿って論じていく必要があり，いうまでもなく一貫性のある論述（ありのままの情報 ➡ 情報の解釈 ➡ 生活課題の明確化 ➡ 計画立案 ➡ 実施 ➡ 評価），さらには，専門職を目指す者としての自身の言動，またそれに対する考察・省察などの記載が必要となることもあるでしょう。

　そこで，作成においては介護過程（個別支援計画），関係用紙（フェイスシート，アセスメントシート，ICF整理シート，個別支援計画表，実施・評価記録用紙等）の記載内容を事細かに確認し，各養成校の執筆規定に即した形で，文章化しておくとよいでしょう。

　いずれにしても，実習の「総括」としての実習報告書や実習事例研究レポートは誰もが苦労して書き上げるものです。準備を怠らず，しっかりと振り返りを行うことが自己成長につながるということを忘れないで，前向きな姿勢で課題にとりかかりましょう。

2．記録用紙・シートの意義・目的の理解と振り返りの重要性

　実習は，実習生にとってたいへん意義ある学習の機会です。そして，その実体験やそれに対する自身の考察などを文章化し，のちの自己成長につなげていくための一つとなるものが，実習の記録物なのです。

　各養成校とも実習を行うにあたっては，かなりの枚数の記録物が用意されます。しかしながら，配布された記録用紙・シートに意味のないものは何一つなく，いずれもそれを書き上げることの意義・目的があるのです。

　一つひとつの記録物が用意されていることの意味を考え，記録用紙・シートに即していねいに記述しその振り返りを行うことが，のちの実習報告書・実習事例研究レポート作成を効率的に進めることはもちろんのこと，自己成長にもつながることを心得ておくことが大切です。

　では，ここで改めて「振り返り」の意義について確認しておきましょう。

　振り返りとは，「内省」とも言い換えることができます。つまり，これまでの自身の言動を思い返し，自分の内面を見つめ直すことで思考や気持ちを整理することを意味します。

　振り返りを行うことにより，次につなげる改善点を見つけ出すことが可能となり，ひいてはモチベーションが向上するといった利点がある一方で，注意すべき点があることも理解しておかなければなりません。

　まずは，「先のこと（未来のこと）を具体的に考える」ということです。良かった点・悪かった点を客観的に把握し，改善点やその後の具体的行動を明確にすることを心がけなければなりません。

　次に，「客観性を意識する」ということです。主観を取り入れることで，失敗をネガティブに捉えがちになり，正しい原因分析ができなくなることが考えられます。自身の感想や考察と事実を切り離し考えることが何より重要となります。

　最後に，「失敗を責めない」ということです。いうまでもなく，「振り返り」は過去の物事・事柄を顧みることになります。失敗に対し，自分を責めてしまうということをよく耳にします。しかしながら，失敗を責めるだけでは次への行動やモチベーションの向上にはつながりません。つまり，改善し次につなげることが大切であり，失敗に対し責めるのではなく，原因や改善点を見つけ出すことを目的に前向きに受け入れるよう心がけましょう。

　なお，こうした「振り返り」について熟知しておくことは，記録用紙・シートやのちの実習報告書・実習事例研究レポートを記載・執筆するうえで肝要なことといえます。

近頃，多くの学生から「文章を書くのが苦手です」という言葉を耳にします。苦手だからこそ，事前準備を怠らず期日に間に合うように実習報告書や実習事例研究レポートを書き上げる努力が必要なのです。実習の意義・目的について再考するとともに，報告書などを書き上げることの重要性・必要性を考慮し前向きに取り組むようにしましょう。

第40講　実習報告会って何？

　実習関連事項の締めくくり（総まとめ）として，養成校の多くが実習報告会を開催しています。規模や形態は各校異なりますが，実習成果や実習での学びを報告・発表する場であることは相違ありません。実習生は，実習終了後に実習報告書や実習事例研究レポートが課され，対応することになります。その成果を基に，お世話になった実習指導者はじめ，下級生，同級生，教員に対し成果報告・成果発表する場が実習報告会です。

1．実習報告会に向けた準備および報告会の意義

　実習生は，長期にわたる実習においてさまざまなことを経験し，その中から多くの事柄を学び，また再確認してきます。そして，経験したことや学んだことを実習報告書や実習事例研究レポートとして文章化するために振り返りや考察・省察を繰り返し，認識を深めていくことになります。とりわけ，実習事例研究レポートの場合は，実際に自身が行った介護過程の展開（個別支援計画の立案，実施，評価等）についてまとめることになり，実習生にとっても，大変意義ある取り組みとなります。

　さらに，「報告・発表」となれば，実習を終えた学生にとっては更なる貴重な機会・体験となるでしょう。そのためには事前に経験したことや学んだことを文章化し，実習担当教員から度重なる指導，添削を受け，ようやく報告・発表に漕ぎ着けるのです。つまり，実習報告会では，実習巡回担当教員等の指導を受け完成させたレポートをもとに発表することになります。「（文章や記録を）書く」ことは社会人になっても必要な事柄です。指導過程における教員からの助言，アドバイスは学生にとっても財産となります。

　そして，実習報告会においては，複数の学生が発表することになります。他者の発表を聞くことで，周りがどのような実習あるいは取り組みをしてきたかを確認することができ，そこから新たな発見や今後の取り組みに活かせるというメリットが生じます。また，下級生にとっても，実習での取り組み事項が明確になり良い参考になることでしょう。

２．実習報告会の形態

１）代表者報告

　実習報告会の形態は養成校によってさまざまです。そこで，報告会の一例（実習事例研究発表の例）を紹介します。

　養成校によっては，実習巡回担当教員ごとに代表者を選出し，代表者のみが発表するといった形態をとっているところもあります。

　発表者は，決められた時間（大抵は質疑応答を含め15分程度）で作成したパワーポイントを基に，一連の介護過程の展開について発表します。そこでは，対象者の概要，事例研究の目的，個別支援計画および計画に基づいた実施状況，評価・考察等が発表され，その後，質疑応答に移ります。

２）グループ報告

　報告や発表においては，代表者報告のように個人での報告だけではなく，グループで報告するケースもあります。

　具体的には，実習生一人ひとりの実習報告のテーマの類似性に基づきグループを作り，考察を深めることを目的とした方法があります。また，テーマにはこだわらず，ランダムにグループを作り，新たなテーマを設定し考察していく方法などがあります。

　発表後，質疑応答の時間を設け対応する点は代表者報告と同様です。

　実習報告会の形態として代表的な２つについて触れましたが，その他にも実習生と実習担当教員，実習指導者が参加者の前で鼎談（ていだん：三者が話し合うこと）する方法やシンポジウム形式で実施される例もあります。

　また，他の養成校と共同で運営し報告会を開催してもよいでしょう。綿密な打ち合わせを要しますが，間違いなく相乗効果が得られると思います。

　以上のように，さまざまな形で実習報告会が実施されます。

　また，養成校によっては，実習報告会の実行委員会を立ち上げ，事前の準備，当日の進行などの運営を実習生主体で行っている例もあります。もちろん，実習担当教員のサポートを得ながら進めていくことになりますが，タイムスケジュール等を考えスムーズな運営を図っていくという意味で学生にとって貴重な経験になることは間違いありません。

　いずれにしても，実習生にとって実習報告会は「実習の総まとめ」です。しっかりと準備をして報告会に臨み有終の美を飾りましょう。

巻末資料

- 日本介護福祉士会　倫理綱領
- 日本介護福祉士会　倫理基準 (行動規範)
- 求められる介護福祉士像
- お礼状の書き方

日本介護福祉士会倫理綱領
1995年11月17日宣言
前文

私たち介護福祉士は，介護福祉ニーズを有するすべての人々が，住み慣れた地域において安心して老いることができ，そして暮らし続けていくことのできる社会の実現を願っています。

　そのため，私たち日本介護福祉士会は，一人ひとりの心豊かな暮らしを支える介護福祉の専門職として，ここに倫理綱領を定め，自らの専門的知識・技術及び倫理的自覚をもって最善の介護福祉サービスの提供に努めます。

1．利用者本位，自立支援
介護福祉士はすべての人々の基本的人権を擁護し，一人ひとりの住民が心豊かな暮らしと老後が送れるよう利用者本位の立場から自己決定を最大限尊重し，自立に向けた介護福祉サービスを提供していきます。

2．専門的サービスの提供
介護福祉士は，常に専門的知識・技術の研鑽に励むとともに，豊かな感性と的確な判断力を培い，深い洞察力をもって専門的サービスの提供に努めます。
また，介護福祉士は，介護福祉サービスの質的向上に努め，自己の実施した介護福祉サービスについては，常に専門職としての責任を負います。

3．プライバシーの保護
介護福祉士は，プライバシーを保護するため，職務上知り得た個人の情報を守ります。

4．総合的サービスの提供と積極的な連携，協力
介護福祉士は，利用者に最適なサービスを総合的に提供していくため，福祉，医療，保健その他関連する業務に従事する者と積極的な連携を図り，協力して行動します。

5．利用者ニーズの代弁
介護福祉士は，暮らしを支える視点から利用者の真のニーズを受けとめ，それを代弁していくことも重要な役割であると確認したうえで，考え，行動します。

6．地域福祉の推進
介護福祉士は，地域において生じる介護問題を解決していくために，専門職として常に積極的な態度で住民と接し，介護問題に対する深い理解が得られるよう努めるとともに，その介護力の強化に協力していきます。

7．後継者の育成
介護福祉士は，すべての人々が将来にわたり安心して質の高い介護を受ける権利を享受できるよう，介護福祉士に関する教育水準の向上と後継者の育成に力を注ぎます。

（利用者本位，自立支援）

1. 介護福祉士は，利用者をいかなる理由においても差別せず，人としての尊厳を大切にし，利用者本位であることを意識しながら，心豊かな暮らしと老後が送れるよう介護福祉サービスを提供します。
2. 介護福祉士は，利用者が自己決定できるように，利用者の状態に合わせた適切な方法で情報提供を行います。
3. 介護福祉士は，自らの価値観に偏ることなく，利用者の自己決定を尊重します。
4. 介護福祉士は，利用者の心身の状況を的確に把握し，根拠に基づいた介護福祉サービスを提供して，利用者の自立を支援します。

（専門的サービスの提供）

1. 介護福祉士は，利用者の生活の質の向上を図るため，的確な判断力と深い洞察力を養い，福祉理念に基づいた専門的サービスの提供に努めます。
2. 介護福祉士は，常に専門職であることを自覚し，質の高い介護を提供するために向上心を持ち，専門的知識・技術の研鑽に励みます。
3. 介護福祉士は，利用者を一人の生活者として受けとめ，豊かな感性を以て全面的に理解し，受容し，専門職として支援します。
4. 介護福祉士は，より良い介護を提供するために振り返り，質の向上に努めます。
5. 介護福祉士は，自らの提供した介護について専門職として責任を負います。
6. 介護福祉士は，専門的サービスを提供するにあたり，自身の健康管理に努めます。

（プライバシーの保護）

1. 介護福祉士は，利用者が自らのプライバシー権を自覚するように働きかけます。
2. 介護福祉士は，利用者の個人情報を収集または使用する場合，その都度利用者の同意を得ます。
3. 介護福祉士は，利用者のプライバシーの権利を擁護し，業務上知り得た個人情報について業務中か否かを問わず，秘密を保持します。また，その義務は生涯にわたって継続します。
4. 介護福祉士は，記録の保管と廃棄について，利用者の秘密が漏れないように慎重に管理・対応します。

(総合的サービスの提供と積極的な連携，協力)

1．介護福祉士は，利用者の生活を支えることに対して最善を尽くすことを共通の価値として，他の介護福祉士及び保健医療福祉関係者と協働します。

2．介護福祉士は，利用者や地域社会の福祉向上のため，他の専門職や他機関と協働し，相互の創意，工夫，努力によって，より質の高いサービスを提供するように努めます。

3．介護福祉士は，他職種との円滑な連携を図るために，情報を共有します。

(利用者ニーズの代弁)

1．介護福祉士は，利用者が望む福祉サービスを適切に受けられるように権利を擁護し，ニーズを代弁していきます。

2．介護福祉士は，社会にみられる不正義の改善と利用者の問題解決のために，利用者や他の専門職と連帯し，専門的な視点と効果的な方法により社会に働きかけます。

(地域福祉の推進)

1．介護福祉士は，地域の社会資源を把握し，利用者がより多くの選択肢の中から支援内容を選ぶことができるよう努力し，新たな社会資源の開発に努めます。

2．介護福祉士は，社会福祉実践に及ぼす社会施策や福祉計画の影響を認識し，地域住民と連携し，地域福祉の推進に積極的に参加します。

3．介護福祉士は，利用者ニーズを満たすために，係わる地域の介護力の増進に努めます。

(後継者の育成)

1．介護福祉士は，常に専門的知識・技術の向上に励み，次世代を担う後進の人材の良き手本となり公正で誠実な態度で育成に努めます。

2．介護福祉士は，職場のマネジメント能力も担い，より良い職場環境作りに努め，働きがいの向上に努めます。

求められる介護福祉士像

1. 尊厳と自立を支えるケアを実践する
2. 専門職とし自律的に介護過程の展開ができる
3. 身体的な支援だけでなく，心理的・社会的支援も展開できる
4. 介護ニーズの複雑化・多様化・高度化に対応し，本人や家族等のエンパワメントを重視した支援ができる
5. QOL（生活の質）の維持・向上の視点を持って，介護予防からリハビリテーション，看取りまで，対象者の状態の変化に対応できる
6. 地域の中で，施設・在宅にかかわらず，本人が望む生活を支えることができる
7. 関連領域の基本的なことを理解し，多職種協働によるチームケアを実践する
8. 本人や家族，チームに対するコミュニケーションや，的確な記録・記述ができる
9. 制度を理解しつつ，地域や社会のニーズに対応できる
10. 介護職の中で中核的な役割を担う

高い倫理性の保持

出典）厚生労働省資料

1. 例文

拝啓

　盛夏の候　貴施設、ますますご清祥のこととお慶び申し上げます。

　この度は、私の介護実習のために貴重なお時間を割いてご指導いただき誠にありがとうございました。

　今回の実習では、多くのことを学ばせていただきました。中でも、利用者の方の気持ちや状態に配慮しながら接し、介助することが大切であることを学ぶことができました。これからの実習や授業においても、今回学んだことを常に実践できるように取り組んでいきたいと思います。

　また、機会がありましたらご指導いただきますようお願い申し上げます。

敬具

令和○年○月○日

○○短期大学　介護福祉学科

福祉　太郎

特別養護老人ホーム　○○園

施設長　介護　花子　様

● **注意するポイント**

- ボールペンまたは万年筆で書くこと
- 一枚で収まらない場合は，無理をせず二枚目に続けて書くこと
- 間違えた場合は，訂正印や修正液を使用せずに書き直すこと
- 敬語の使い方に注意して書くこと
- 書き終えた手紙は三つ折りにして封筒に入れること

2．封筒の書き方

表

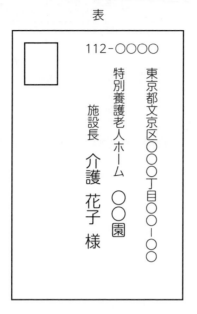

112-○○○○

東京都文京区○○○丁目○○-○○

特別養護老人ホーム　○○園

施設長　介護　花子　様

裏

×ではなく、「〆」

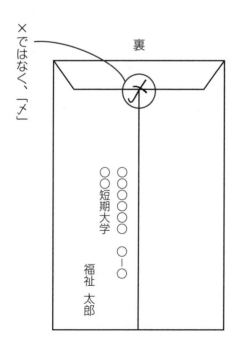

○○○○○○○
○○○○○○　○-○
○○短期大学

福祉　太郎

執筆者一覧

監修者

白井幸久 　群馬医療福祉大学短期大学部 医療福祉学科 教授

編著者

土屋昭雄 　群馬医療福祉大学短期大学部 医療福祉学科 教授

執筆者（五十音順）

川角真弓 　名古屋経営短期大学 健康福祉学科 准教授
（2024年4月より介護福祉学科に名称変更予定）
（第6講・第14講・第27講・第34講・第35講）

清水久二雄 　群馬医療福祉大学短期大学部 医療福祉学科 専任講師
（第19講・第21講・第28講）

辻　志帆 　群馬医療福祉大学短期大学部 医療福祉学科 専任講師
（第9講・第16講・第17講・第29講）

土屋昭雄 　群馬医療福祉大学短期大学部 医療福祉学科 教授
（第1講・第2講・第4講・第7講・第11講・第13講・第23講・第32講・
第36講・第39講）

福田洋子 　高田短期大学 キャリア育成学科 非常勤講師
（第5講・第12講・第24講・第33講・第37講）

森永夕美 　奈良佐保短期大学 生活未来科 教授
（第3講・第10講・第20講・第26講・第38講）

柳澤　充 　柳澤社会福祉士事務所 代表
（第22講・第25講・第31講・第40講）

山浦あゆみ 　群馬社会福祉専門学校 教務主任
（第8講・第15講・第18講・第30講）

本書は白井幸久監修，十屋昭雄編集『介護実習サポートブック』（看護の科学社，2019）をもとに改訂したものです。

介護実習ガイドブック—不安解消のための40講

2024年3月20日　初版第1刷発行©

監　修　白井　幸久
編　著　土屋　昭雄

発行者　濱崎　浩一
発行所　株式会社看護の科学新社
https://kangonokagaku.co.jp
〒161-0034　東京都新宿区上落合2-17-4
電話 03-6908-9005
印刷・製本／株式会社エディット

Printed in Japan